Ⓢ新潮新書

奥窪優木
OKUKUBO Yuki

転売ヤー 闇の経済学

JN152620

1067

新潮社

はじめに

ある人から商材を買いつけて別の人に販売し利鞘を取るという行為は、おそらく人類史上、最も古くから存在する、原始的な裁定取引《アービトラージ》なのではないだろうか。

商品を右から左へ流すだけで利益を獲得する者への呼称に「ダフ屋」がある。チケットを意味する「札《ふだ》」の倒語が由来とされるダフ屋は、戦中・戦後の配給制度のなかで成長していったと言われている。食糧物資よりも現金を必要とする者から配給切符を買取り、配給分以上に食糧物資を必要とする者に売ったのだ。戦争が終わり、物不足の時代が終わって高度経済成長期を迎えてからは、乗車券や乗船券のほか、コンサートや舞台、プロ野球やプロレスなどのチケットが商材となる。ダフ屋による買い占め行為が社会問題化してくると、チケット販売側は購入枚数の制限を課すといった対策に乗り出した。しかしダフ屋側は、頭数を稼ぐためにホームレスを購入要員として動員するなどして、これに対抗した。なにせ、当時のダフ屋の元締めは暴力団であり、チケット転売は貴重な収入源だったのだ。

2000年代に入ると、ダフ屋は一転、衰退期に入る。各都道府県がダフ屋行為を禁止する条例や暴排条例を施行したことや、スポーツ界やエンタメ業界でも暴力団排除活動が進んだことも一因とされている。

警視庁によると、大正時代に結成され、浅草を拠点にダフ屋を仕切り、2003年には約7000人の構成員を擁していた暴力団「姉ヶ崎一家（2006年に姉ヶ崎会に改称）」も、シノギが下火となって80人にまでに縮小。2022年に解散した。

直接の規制や対策以上に、ダフ屋に影響を与えたのが、社会のIT化だ。SNSやオークションサイトで利害が一致する個人同士が簡単に繋がれる時代になり、ダフ屋の存在価値は著しく低下した。正規の手段で目当てのチケットを入手できなかったとしても、インターネットで余分なチケットを持つ人を見つけ、購入すればいいからだ。

さらに、各種チケットが電子化されたこともトドメを刺す格好となった。当日にイベントの入場口近くで「チケットあるよー」と連呼して客を捕まえるダフ屋のアナログな転売方式は時代にそぐわなかったのである。

こうして日本社会はダフ屋を駆逐した。しかし、組織的なチケット転売が根絶されたかというと、そうではない。当初、不要チケットの融通レベルだった個人間取引も、そこから逸脱した、営利目的の転売行為も散見されるようになっていく。さらには、ITを駆使して大量のチケットを取引して利益をあげる転売グループも登場したのである。

その背景の一つに、自動購入BOTの存在があげられる。このツールは、ネット上の情報収集を自動化する「スクレイピング」や「クローリング」と呼ばれる技術を利用して、販売サイトの情報を取得。その後、購入者の氏名や住所、クレジットカード情報の入力などの購入手続きまですべて自動で行うことができる。販売開始から数分で完売することもザラである人気アーティストの公演のチケットを取得するには、これらの購入手続きをできるだけ早く済ませる必要がある。しかしいくらタイピングの早い人でも、数秒で決済まで行うことができるBOTには太刀打ちできないのだ。さらに悪質なBOTの中には、他の購入者のアクセスを邪魔するために、DoS攻撃などで販売サイトのサーバーに負荷をかける機能も備えているものすらあるのだ。

結局、やっていることは基本的には変わらないわけだが、現代のダフ屋たる彼らには「転売ヤー」という新たな名前が与えられた。

Googleのニュース検索で現存するネットメディアの記事を調べてみたところ、転売屋、転売ヤーともに2007年12月10日が初出のようだ。

ITmediaの「今すぐ使えるアキバワード」という連載で、

【PCパーツショップや家電量販の場合、その行列に並ぶ人を大別すると、⑴お祭りとデジモノを愛するコアなユーザー、⑵特定の特価品を狙い撃ちで買い求めるハンター、⑶転売目的で特価品を買う人、となる。⑴や⑵の中には、⑶の人たちを敵視する人もおり、彼らを指して「転売屋」「転売ヤー」などと呼ぶ。】

と解説されている。

チケットに限らず、需要が供給を大幅に上まわる局面なら、どこにでも出現する転売ヤーによる買い占めや価格の吊り上げは、全国で社会問題となっている。本書により、彼らの日常と転売のからくりを詳らかにすることが、筆者なりの問題提起となれば幸いだ。

転売ヤー　闇の経済学　目次

第1章　ポケモンカード
——1枚の紙切れが価値を持つ時

マスクと医療用手袋をつけて作業する男たち

パチンコ以外には暇つぶしの手段もなさそうな、ごくありふれた関東近郊の国道沿いに、その古びた木造2階建ての倉庫は立っていた。

2023年5月。そこを訪れた筆者は、ペンキで書かれた「○○玩具商店」の文字がかろうじて読めるステンレス製の引き戸を開ける。湿った古簞笥のような、かびた臭いが漂うなか、折りたたみ机に向かって2人の若い男性が並んで座っていた。机にはビニールシートが敷かれ、そのうえにアニメテイストのイラストが描かれた紙箱が大量に積まれていた。ざっと数えても40箱以上はあるだろう。

男性たちはマスクで口を覆い、手に青い医療用手袋をはめ、箱の中からキラキラした小袋を取り出していく。官製はがきより一回り小さい小袋には箱と同様のイラストが施されている。

1200個ある小袋を全て出し終えると、小型のアイロンに似た装置で、その表面を撫でるように動かしていく。すると、何袋かに1つの割合で、装置が「ピーッ」という音を立てて反応した。3度、4度となぞるうちに反応する場合もあるようで、1つの小袋に何度も装置を押し当て、箱ごとに、反応の有無で小袋を分けて机の上に積み上げていった。

紙切れが527万ドルに

彼らは、ポケモンカードの転売集団である。小袋は、カードが5枚入った「パック」だ。パック30個で、1箱（1ボックス）分となる。

ゲームソフトやアニメで知られる、ポケットモンスターをテーマにして1996年に誕生したポケモンカード。2人での対戦を基本に交互にカードを出すターン制で行われる「ポケモンカードゲーム」で使用するトレーディングカードである。

1、2ヶ月毎のペースで新シリーズが発売されるポケモンカードは、2024年8月までに世界で約2万種類、６４８億枚以上のカードが出荷されているといわれ、世界大会も開催されるほどになっている。

そしてゲーム以上に白熱を見せたのが、カードの転売市場というわけだ。

２０２１年には、世界に39枚しか存在しない「ポケモンイラストレーター」という希少カードが５２７万５０００ドル（当時のレートで約5億８０００万円）で購入されたことを筆頭に、出現率の低いレアカードは、数百万円や数千万円で取引されている。

最近発売されたシリーズでも定価は１パック１８０円だから、転売価格の高騰ぶりがわかる。

数百円で買える〝紙切れ〟が数千倍、数万倍の価値に化けることもあり、新作シリーズが発売されるたびにポケモンカードを扱う各地の量販店では純粋なファンと転売ヤーが行列を成し、警察沙汰になるようなトラブルも発生してきた。

ポケモンカードは、レアリティ（希少性）によって8段階（２０２２年12月1日以前は9段階）に区分されている。なお、正規販売されているポケモンカードは、購入して開封するまでなかにどんなカードが入っているかわからない。

シリーズにもよるが、最も希少性が高いUR（ウルトラレア）は、10ボックス（300パック＝1500枚）に1枚程度、最も低いC（コモン）では1パック（5枚入り）に3枚程度という確率で封入されていることが、コレクターらの集合知によって知られている。

転売市場で高額で取引されているのは、おもに上位ランクUR、SAR（スペシャルアートレア）、SR（スーパーレア）の3つだ。基本的に1ボックス（30パック＝150枚）につき、これらのランクのうちいずれかに属するカードが1枚封入されているといわれている。

しかし、レアリティが高いカードだからといって転売市場で高値がつくとは限らない。絵柄によって人気・不人気があり、市場価値が異なるからだ。最高ランクのURに区分されるカードよりも高値で取引されている、2段階低いSRランクのカードもある。

そして、それらのレアカードの価値は、毎日刻々と変化しているというから、まるで株式市場そのものだ。ネット上には、各種レアカードの取引相場を調べることができるサイトが複数存在する。

金属探知機でカードを〝採掘〟

「1ボックス（150枚）に6〜7枚の封入率と言われているR（レア）とそれ以上のレアリティのカード（レアカード）には、アルミを使ったコーティングがされているので、金属探知機を使えば割り出すことができるんですよ」

倉庫の2階から降りてきた、転売集団のリーダー格であるオガサワラ氏（40代男性・仮名）が、そう話す。もともと個人でポケモンカードの転売ヤーをしていた彼が、廃業状態にあったこの玩具卸店の経営権を購入したのは2年前のこと。品薄が続くポケモンカードを、正規ルートで安定的に仕入れることが目的だった。

「ああ、レア抜きってヤツですよね」

そう合いの手を入れると、オガサワラ氏の目が光った。

「レア抜きは、詐欺師がやること。俺がやっているのはあくまでサーチ。採掘作業みたいなものです」

どうやら筆者は口を滑らせてしまったらしい。

彼によると、ボックスの中からレアカードが封入されたパックのみを選りすぐるという点はどちらも同じ。しかし違いは、その後だ。レアカードが入っていそうにない、いわば「カス」のパックをネットなどで素知らぬ顔で第三者に売りつけることを「レア抜き」と呼ぶという。

「カスのパックを集めて数を合わせてボックスに詰め、『未開封』として再流通させる手口もある。専門の業者に頼めば見分けがつかないほど巧妙にシュリンク（ビニール包装）を巻いてくれるし。完全な詐欺師ですよ」

しかし彼とてカスのカードに用はない。そこで、採掘済みであることを明言した上で、まとめて再販するという。

「メルカリなどで『サーチ済みにつきSR以上は出ません』と明言して出品しても、定価の半額程度なら需要はある。あと、手っ取り早く束で買ってくれるのはゲーセン業者ですね。クレーンゲームとかの景品にするんですよ」

メルカリに転売目的と見られる商品売買に関して質問状を送ったところ、

「出品物に関しましては、多様な価値観によるさまざまなご意見があるものと認識しております。メルカリは、個人間で簡単かつ安全に売買できるマーケットプレイスをコンセプトとしており、出品禁止物の該当性については2021年1月に定めた『マーケットプレイスの基本原則』及び本原則に則り定めている利用規約・ガイドに準じて判断を実施しております。『マーケットプレイスの基本原則』は外部有識者によるアドバイザリーボードで定期的にレビューし、社会情勢の変化や、みなさまとの対話を踏まえて、見直しを行っております。今後もさまざまなステークホルダーとの対話・連携を強化し、お客さまに適切な情報を提供していくことで、誰もが安心安全に利用できるマーケットプレイスを目指してまいります」

との回答を得た。

重さからレアカードを特定

合計1200パック（6000枚）を2人がかりで仕分けし終えたのは、作業開始から1時間半後のことだった。若干のばらつきはあるが、金属探知機が反応したパックと、しなかったパックが1ボックスにつき、およそ半々という配分になった。若い男は反応しなかった方のパックの山を乱雑に元の箱の中にまとめると、次の作業に入る。

取り出したのはデジタルスケールだった。彼らは金属探知機が反応したパックを一袋ずつ乗せ、0・001グラム単位までその重さを記録していくのだ。

「金属探知機によるサーチは簡単ですが、わかることは〝そのパックの中にレアカードが入っているか否か〟だけ。これからの作業は、レアカードが入っていることがわかっ

たパックを、さらにＳＲ以上のカードが封入されているかどうか、可能性の高さごとにグループに分けていく」（オガサワラ氏）

オガサワラ氏によれば、Ｒ以上のランクのレアカードにはアルミコーティングが施されているぶん、非レアカードと比べて重くなる。さらに、ランクごとに重さも違うそうだ。逆に言えば、シリーズ内で同じランクのレアカードの重さは大体一緒。それぞれの実際の重量を彼らは把握しているのだという。

「つまり、パックの重さを測ることで、中のカードの組み合わせをおおむね推測することができるんです。仮にパックの中にレアカードが１枚だけ入っている場合は、その重さでどのランクのカードが入っているかはかなりの確率で判別できる。我々が狙うのは、転売市場で取引対象になるＳＲ（スーパーレア）以上のランクのカードのみ。この方法でＳＲ以上が入っていると見込まれるパックが、Ａグループ。もちろん、レアカードが２枚入っていて、そのうち１枚がＳＲ以上ということもありえるので、一筋縄には行かないけど、ＳＲ以上のカードが含まれるパックに他にもレアカードが入っていることは稀。だから重すぎるパックは、ＳＲ未満が複数枚入っている可能性が高いので、Ｃグループ。このどちらでもないのがＢグループ」（オガサワラ氏）

仰々しいようにも見えるマスクと医療用手袋をつけての作業は、汚れがついてパックの重さが変わることを防ぐためだったのだ。

金属探知機の工程を飛ばしてはじめから重量を測り、軽すぎるものに関しては「レアカード封入なし」に仕分けすればいいようにも思える。しかし、オガサワラ氏はこう話す。

「カードやパックのフィルムのわずかな裁断ムラで、レアカードが入っているのに重量が軽くなる場合もある。そうしたパックの取りこぼしを防ぐためにはまずは金属探知機を使うようにしている」

重量の計測によって、パックをさらに3つのグループに分けると、残る工程はあとひとつだ。

それは時間と手間がかかるものの、パック内のカードのランクだけではなく、具体的な種類までを判別することができる方法だという。

「特別な装置は使わないが、作業をする人のノウハウと経験にかかっている」

オガサワラ氏は、それ以上の具体的な方法については「企業秘密」として、口を閉ざした。

「Aグループから順番にサーチし、SR以上のランクのカードが出たら、そこでそのボックスのパックについては作業終了。まれにSR以上のカードが複数枚入っているボックスがあるけど、作業効率の面からその可能性については無視することにしている。逆にSR以上のカードが入っている可能性が低いCグループまで全部サーチしてもSR以上が見つからなければ、第一弾のサーチで『レアカード封入なし』とみなしたパックを洗い直す。稀にレアカードが入っていても金属探知機が反応していない場合があるから。ただ、やはりまれにSR以上の封入がないボックスもあるのである程度のところで諦めるようにしている」

こうして入手したレアカードは、主にメルカリで現金化しているという。

「これまで3000ボックス以上を開封してきたが、何十万という値がつくようなカードにはお目にかかったことはない。最高のものでもせいぜい7、8万円くらい。数ヶ月から1年ほど寝かしてから売れば、価値が3~4倍になったカードもあったが、逆に無価値になるカードもある。どのカードが値上がりするかは誰にもわからないので、我々はできるだけ早く売却している。ただ、1つのボックスからは、平均して6000円から7000円ほどの値がつくカードが出てくる。1ボックスの仕入れ値は3000円前後で、サーチ済みのパックを売却すると2000円ほどは返ってくる。ということは、1ボックスにつき平均5000円は利益が出る計算になる」（オガサワラ氏）

ポケモンカード転売は、意外にも手堅い実入りがあるようだ。

マネーロンダリングにも利用される

一方で、前述のような数百万を超える価格で取引されるような超高額カードも、確かに存在している。そうした一部のポケモンカードの高額化の背景に「裏社会の需要」を指摘する声もある。

「振り込め詐欺をやってる連中は、蓄えたカネでせっせとポケモンカードを買い漁っているよ」

某指定暴力団の二次団体元幹部から、そんな話を聞いた。

「どう入手したか説明のできないカネは銀行に預けるわけにもいかず、タンス預金するしかなかった。しかし数千万単位になると、現金もなかなか邪魔になる。同業者や半グレからタタキ（強盗）に入られるリスクもあるし。でも100万円のポケモンカード数十枚に変えてしまえば、コンパクトに隠せるだろ」（元幹部）

さらに、ポケモンカードを利用したマネーロンダリングも横行しているようだ。

「たとえば犯罪収益で１００万円の価値があるレアカードをコレクターなどから相対取引（売り手と買い手が直接価格などを決める取引のこと）で買う。そしてそれをしばらくして同額で転売する。もともと１００万円で買ったという事実を伏せたうえで、『偶然引き当てたレアカードの価値が上昇しそれを売却した』と見せかければ、合法的な資金とすることができる。実際には、さらに複雑な取引を繰り返すことで、当局による追跡は不可能になる」（同）

犯罪資金の海外への持ち出しも、ポケモンカードを媒介することで容易になるという。

「以前は、現金を美術品や骨董品、仮想通貨などに変えて国境を超える方法が取られていたが、最近はどれも国際的に対策されている。数千万円くらいまでの資金であれば、ポケモンカードに変えて現地で現金化するのが一番手っ取り早い」（同）

闇バイトとポケモンカード

事実、海外では、犯罪組織の拠点からポケモンカードが押収されるケースが頻発している。

２０２３年6月23日付けの英紙『デイリー・ミラー』によると、違法薬物の売人として逮捕された男女が住むイングランドのノッティンガム近郊の民家から、大量のポケモンカードが見つかった。その総額は1万ポンド（約１８３万円）にも達していると見られており、警察は犯罪収益によって取得された疑いがあるとして、それらを押収したという。

また、カナダのオンラインメディア「グローバルニュース」によると、同国アルバータ州のエドモントン警察は、２０２３年４月、２軒の家宅捜索で末端価格にして40万カナダドル以上の違法薬物と、総額３万４０００カナダドル（約３７０万円）にものぼるポケモンカードをはじめとする６万枚近いトレーディングカードを発見したという。

日本でも、裏社会のポケモンカードへの関心を証明するような事件が起きている。

２０２２年8月、東京・秋葉原の店舗で、販売総額約１３００万円相当のポケモンカード約６５０枚と現金約４８０万円が盗まれる事件が発生。これまでに指示役と実行犯あわせて４人の男が逮捕されている。

報道によると指示役の男は２０２２年8月４日午前3時半頃、実行役３人と共謀し、東京都千代田区のＪＲ秋葉原駅近くのカードショップに侵入。現金約４８０万円とポケモンカード約６５０枚（約１３００万円相当）を盗んだ疑いだ。指示役の男はＳＮＳで実行犯を募集しており、いわゆる闇バイト案件だったことも判明している。この指示役の男は区内の別店舗で約２６６０万円相当のポケモンカードなどが盗まれた事件にも関与したと見られている。

さらに２０２４年４月にも、埼玉県内の会社事務所からポケモンカード25枚を中心に、計約25万２０００円（時価）を盗んだとして住吉会系の暴力団員の男ら２人が警視庁に逮捕されている。

カードを開発・販売している株式会社ポケモンは、２０２３年６月に新作カードが発売されるタイミングで「転売等の営利を目的とした商品購入を固くお断りしております」と呼びかけるなどしている。しかし、もはやポケモンカードは、ただの玩具の枠を超えて、有価証券あるいは貨幣に近い存在になってしまったのだ。

値下がりさえも商機に

２０２４年７月現在、これまで数千万円を超える価格で取引されていた超レアカードの値下がりが相次いで報告され、ポケモンカードバブル崩壊を指摘する声もある。しかし前出のオガサワラ氏は、そんな懸念を「どこ吹く風」とばかりにこう話す。

「超高額カードのなかにはここ1年で大幅に値下がりしたものもある。たしかに半値ほどになったものもあるが、われわれがサーチで狙う数千円～数万円程度の中堅レアカードの相場は堅調。むしろ投機熱が和らいで相場が安定した今の方が、商売はしやすい」

一方で彼は、ポケモンカード以外の玩具の転売にも、新たに手を出しているようだった。

「最近は、ガンプラ（機動戦士ガンダムのプラモデル）やトミカ（タカラトミーが販売するミニカー）なんかも転売しています。月20万程度の儲けにしかならないからスモールビジネスですけどね」

謙遜するようなそぶりを見せながらも、自身のビジネスセンスを鼻にかけたような物言いに、筆者は「へぇ～っ」と大袈裟に感心してみせた。すると、得意になったオガサワラ氏はこう続けた。

「転売市場で今熱い商材を見つける魔法の言葉があるんですよ。『転売ヤー死ね』ってX（旧Twitter）とかで検索すれば、転売ヤーが今何に群がっているかわかる。うちはいちおう玩具卸なので、転売ヤーの購入価格より安く仕入れられる。それを転売市場で売るだけで、いくらかの利鞘は取れます」

愛好家の嘆きから商機を感じ取るというオガサワラ氏。転売ヤーに目をつけられないためには、愚痴を言う事さえ控えたほうがよさそうだ。

第2章　PS5

――転売ヤーSくんの誕生

ある日届いたメッセージ

「秋葉原のヨドバシカメラに9時までに来れますか？」

都内に住む男子大学生Sがそんなメッセージで目を覚ましたのは、2022年3月下旬、土曜日の朝7時半のことだった。授業のほとんどがリモートになって以来、これほど早くに起床することがなくなっていた彼は、メッセージの送り主に気づくまでに数秒を要した。

メッセージを送ってきたのは、1ヶ月ほど前にSがたまに覗くLINEのオープンチャット上のカメラ関連コミュニティで、求人募集を連投していた人物だった。

オープンチャットとは、LINEのアカウント名やIDを知られることなく、参加者同士が匿名でコミュニケーションを取ることができる掲示板のような機能である。

「経験不問　商品仕入れの簡単な補助業務　即金でお支払い」

コミュニティの会話の脈絡と無関係に書き込まれる投稿に反応する者はいなかったが、Sは興味をそそられた。アルバイト先の飲食店から、新型コロナによる時短営業を理由にシフトを削られ、収入減に陥っていたからである。興味本位でその投稿に記されていたリンクをクリックすると、『曹宝』と名乗るLINEアカウントに繋がった。

「アルバイトの件に興味がありまして」とメッセージを送ると、すぐに「既読」が付き、数分後にはこう返信があった。

「ヨドバシのクレジットカードは持ってますか?」

曹宝が言っているのは、ヨドバシグループの「ゴールドポイントカード・プラス」のことである。

しばしばカメラ用品を購入するSは、入会費も年会費も無料のこのクレジットカードの会員になっていた。おそらく曹宝も、カメラ関連コミュニティならこのカードの会員も少なくないだろうと踏んで、投稿をしたものと思われる。

会員であることを告げると曹宝からは、

「ヨドバシカメラで商品を代理購入してもらう仕事です。1時間以内に終わります。報酬は1万円です」

と送られてきた。

なんとなく怪しさを感じ、返信せずに曹宝とのやり取りを終えた。先方からもそれ以上のメッセージが送られてくることはなかった。

ゲリラ販売現場へ

それから1ヶ月ほど経った土曜日の早朝に曹宝から突然送られてきたのが、くだんのメッセージだ。

飲食店のバイトのシフトも元には戻っていない。幸いこの日は予定もない。秋葉原までは、自転車と電車を乗り継いで40分ほどで行ける距離だ。

「行けます」

彼はそうＬＩＮＥで返信した。

急いで寝癖を整えて着替えを済ませ、まさに玄関を出たちょうどその頃、曹宝から新たにLINEメッセージが届いた。

「今日購入していただくのはプレイステーション5の通常版です。価格は5万4978円ですが、ヨドバシのクレジットカードで買えますか？」

2020年11月にソニーが発売したプレイステーション5（PS5）。その人気のほどはもとより、世界的な半導体不足もあって1年半たっても需要に供給が追い付かず入手難が続いていた（なお、2023年1月30日、同社はPS5の供給量増加を発表し、その後、不足は緩和している）。

2022年3月当時は、大手家電量販店での購入は「自社発行のクレジットカードによる支払に限る」という条件が付けられていることがほとんどだった。購入履歴が残り、転売目的の複数購入を防ぐことが目的だ。

そこで曹宝は、ヨドバシの「ゴールドポイントカード・プラス」の保有者を集め、彼らの名義でPS5を代理購入させようというのだ。

「買えますか？」というのは、クレジットカードの限度額以内に収まるかどうか、という意味だ。学生であるSに与えられたショッピング限度額は10万円。ふだんこのカードを使っておらず、この月も与信枠がそのまま残っていた。

とはいえ、なかなかの高額商品である。Sはマンションの駐輪場へ向かいながら逡巡した。「購入したはいいが、買い取ってもらえなかったらどうしよう」。しかし、その気になれば返品・返金が可能であると考え、「買えます」と答え、自転車にまたがった。

Sがヨドバシカメラ・マルチメディアAkibaの正面入口にたどり着いたのは8時45分頃のことだった。営業時間前のようで、入口のドアは開いているものの店内は薄暗く、買い物客の姿はない。

ここまでの道中に受信した、曹宝からのLINEには〝ミッション〟が書かれていた。

「到着したら6階にあるゲーム売り場行って、列に並んでください」

「購入したら商品とレシートを持ってB3Fの駐車場に来て、この車を探してください」

練馬ナンバーの黒い箱バンの写真も添えられていた。

まごつくSを尻目に、開け放たれた入口から中へと入って行く人たちがいた。彼らの後に続き、売り場の奥へと進んでエレベーターに乗り込む。他の同乗者も行き先は6階だった。

エレベーターを降りると、「プレイステーション5ご購入の最後尾はこちらになります！」と繰り返す店員の声が耳に入った。声がする方へ進むと、店内を縫うように続く行列が目に入った。ざっと数えても60～70人はいる。この頃、年明けからの新型コロナウイルス流行の第6波がようやく小康状態となっていた。都内の桜の名所が3年ぶりのにぎわいを見せているということはネットニュースで知っていたSだったが、実際にこれだけの人だかりを見るのは久しぶりだった。

Sは到着する前まで、はるかに混沌とした光景を想像していた。秋葉原までの電車の中で、「ヨドバシカメラ　秋葉原　PS5」とスマホで検索し、約1年前に同店舗で起きた事件について知ったからだ。

2021年1月、同店で行われたPS5のゲリラ販売会場で、購入を求める客が殺到し、乱闘騒ぎにまで発展していた。この騒動後にゴールドポイントカード・プラスによる購入という条件が課せられたのである。

それ以来、同様の混乱は起きていない。そういった意味では、この条件導入は一定の効力を発揮しているようである。ただ、Sのような転売目的の購入者が紛れていることをみると、転売ヤー対策としてはあまり効果がないのかもしれない。

ともあれＳは、エレベーターの同乗者たちに続いて行列の最後尾に加わった。午前９時になると、レジカウンターに店員が配置され、ＰＳ５の販売が始まった。

この時期は、同店をはじめ大手家電販売店でのＰＳ５のゲリラ販売は土日や祝日の早朝に行われることが多かった。販売情報は、前夜や当日早朝といったギリギリのタイミングで各店舗がそれぞれ公開しており、いくつかのサイトやTwitterアカウントが、それらをまとめていた。そうした情報を日々チェックする根気強さと、ゲリラ販売を察知するとすぐに店舗に向かう行動力がなければＰＳ５を入手することは不可能だった。

列に並んでいるのは、20～30代の男性が中心だが、初老の男性や若い女性の姿もチラホラと混じっている。

スマホゲームで時間を潰しつつ、列が進むのを待っていたＳがレジカウンターにたどり着いたのは、販売開始から40分ほどしてからのことだった。

Ｓの頭に一抹の不安がよぎっていた。それはいつかネット記事で見た、転売対策についてだった。希少性の高いトレーディングカードやプラモデルの販売時に、本物のファンにしかわからないような商品にまつわるクイズを出題して、転売ヤーを排除するというものだ。

この時、店員がSに尋ねたのは「通常版かデジタル・エディション（ディスクドライブを持たない廉価版のこと）か」という質問だけで、購入の資格を問うようなクイズが課せられることはなかった。ゴールドポイントカード・プラスで決済を済ませると、すぐに紙袋に入れられたPS5が渡された。

ホッとしたのもつかのま、Sはミッションがこれで終わりではないことを思い出し、エレベーターで地下3階へと向かう。

指定された車はすぐに見つけることができた。その車の近くに、Sの手にあるものと同じ、PS5が入った紙袋を提げた先客が2人立っていたからだ。

近づくと、助手席のドアから男性が降りてきて、先客の2人から紙袋とレシートを受け取った。それに倣い、Sも自身の紙袋とレシートを男性に渡す。男性は車の荷台のうえで、3つの紙袋から箱を取り出し、それぞれ開封して中身を確認した。荷台の奥には、数十箱というPS5がぎっしりと積まれているのが見えた。

中身の確認を終えた男性は、先客とSの3人に、それぞれ封筒を突き出し、「お金、確認してください」と告げた。そのイントネーションは、ネイティブの日本語話者とは違うクセのあるものだった。

封筒の中に入っていたのは、6万4978円。PS5通常版の購入代金に謝礼の1万円を加えた金額だ。当初聞いていた通り、代理購入のアルバイトは1時間以内に終了した。時給にして1万円。飲食店のアルバイトの時給と比べれば、8倍以上の金額であり、Sにとって美味しい話には違いなかった。

こうして一人の転売ヤーが生まれた

しかし、Sは帰りの電車でスマホの画面を見ながらほぞをかんだ。自分が代理購入したPS5が、一体いくらで取引されているのか、フリマサイトで検索したのである。すると、PS5の通常版（ディスクドライブ搭載版）が10万円を超える金額で取引されているではないか。ディスクドライブを持たない廉価版のPS5デジタル・エディション（当時の定価は税込み4万3978円）も、取引価格は9万円を超えている。先ほど購入した商品を、ヨドバシの地下駐車場にいた男に渡さず、自身でフリマサイトに出品していれば、取引手数料や送料を引いても、利益は3万円ほどにはなったはずだ。

割のいいバイトでホクホクした思いは一転、Sは取りそこなった2万円が、急に惜しくなってきた。同時に、「次こそはフリマサイトで自分で転売してやる」という闘志が湧き上がって来るのだった。

帰宅してからSは、PS5のゲリラ販売情報をネットで探しはじめた。すぐに、秋葉原のヨドバシではほぼ毎週末、PS5の販売が行われていることが分かった。

ところが、不都合な情報も目に入ってきた。「過去にPS5の購入履歴がある人は再購入できない」という事実である。Sの名義のゴールドポイントカード・プラスでは、秋葉原店だけでなく、全国のヨドバシ店舗でPS5の再購入は不可能なのだった。

Sは、自分の名前を盗まれたような気がして再び憤慨した。これほどあからさまに経済的に搾取されたと実感したのは、初めてのことだった。そして、自身の情報弱者ぶりを恥じた。

しかし、Sには希望も残されていた。ビックカメラの各店舗でも、ヨドバシカメラとほぼ同じペースで、PS5のゲリラ販売が行われていることが分かったのだ。条件もヨドバシと同様、「自社グループ発行のクレジットカードでの購入に限る。但し、過去にPS5の購入履歴がない人のみ」である。

Sはさっそく、「コジマ×ビックカメラカード」のオンライン申込ページへと進み、入会に必要な情報を打ち込んでいった。

これが、普通の大学生だったSが転売ビジネスに足を踏み入れることになったいきさつである。彼には今後もたびたび本書に登場いただくことになる。

第3章　羽生結弦グッズ
――「ファン心理」は格好の餌食

狙いは展覧会グッズ

転売のターゲットになるのは、ＰＳ5のようなメジャー商品ばかりではない。一部の層で熱烈な需要がある、いわゆる「ニッチ商品」こそ、転売によって大きな利ザヤを得ることができる。

〝柚子〟グッズもそのひとつだ。といっても柑橘類ではない。柚子とはフィギュアスケーターの羽生結弦の、中国での愛称だ。

彼が中国で人気者になった理由については諸説あるが、きっかけのひとつとされるのは２０１７年にヘルシンキで行われた世界選手権だ。入賞者の写真撮影の際、優勝した羽生は3位の中国人選手が持つ中国国旗が裏返しになっていることに気づき、直すのを手伝った。その映像が中国のネット上で広がったことで、好感度を一気に上げたといわれている。2022年の北京五輪前には、彼の動向が中国のSNS「微博《ウェイボー》」でたびたびトレンド入りするほどの注目ぶりだった。

そして迎えた2022年の北京五輪。2014年のソチ、2018年の平昌と、2大会連続で金メダルを獲得した羽生だったが、4位に終わる。しかし、羽生の中国での人気は衰えるばかりか、ますます高まったようだった。

そんなタイミングで開催されたのが、「羽生結弦展2022」だ。羽生の写真や衣装、獲得したメダルなどを展示するイベントで、2022年4月から5ヶ月間にわたり、全国6ヶ所を巡業するものだった。

もちろん日本国内でも羽生人気は相当のもので、熱狂的なファンたちにとって、この展覧会はビッグイベントだった。展示内容だけでなく、会場内で販売されるという限定グッズも、垂涎の的だった。

2018年の平昌大会の直後にも、「応援ありがとうございます！羽生結弦展」なる展覧会が開催された。その際には、多数の転売ヤーが会場に詰めかけていたことが、SNSなどで報告されている。フリマサイトでも、定価800円台の展覧会限定販売のオリジナルフィギュアの4種組み合わせが、会場配布のチラシ付きで5万5000円で出品されるなど、転売ヤーの暗躍ぶりがうかがえた。

今回は、コロナ禍の真っただ中で、人数制限が実施され、入場には公式サイトでの事前予約が必要になった。会場の日本橋髙島屋では、開催期間の20日間、朝から夜まで15分刻みで予約枠が設定され、開幕の3日前には、すべて予約済みとなっていた。

その限られた予約枠を手にしたのは、純粋な羽生ファンだけではなかったようだ。日本橋髙島屋での羽生展の最終日、入場のための受付へと続く日本人マダムたちに紛れ、一人の中国人女性の姿があった。

在日中国人のL（30代）。アニメ関連グッズからアパレルブランドの限定商品など幅広いジャンルの転売を行っている。

L自身は、フィギュアスケートにも羽生にも全く興味がない。羽生グッズに目を付けたのは〝マーケティング〟の結果だった。

中国のSNS・微博には『超話』という機能がある。趣味や嗜好、悩みなど、ありとあらゆるテーマごとにコミュニティが作られており、参加者は自由に書き込みすることができる。Lはかねてから、このコミュニティを転売ビジネスのマーケティングに利用している。アニメやアパレルブランド新商品の販売情報をいち早く得ることができ、またどのくらいの人がその商品に興味を持っているか、需要の規模も手に取るようにわかるからだ。

北京五輪直後、Lは羽生結弦のコミュニティに150万人もの参加者がいることを知り、金の匂いを嗅ぎ取った。そして羽生結弦展の開催や、限定グッズが販売されることもそのコミュニティ内で知ったのだ。

メールアドレスを使いこなして多数予約

彼女は、日本橋髙島屋で同展が開催されていた20日間、ほぼ毎日足を運んだ。一日複数回、入場した日もあった。

事前予約のルールでは「全日程を通し予約は1人1枠まで」「同一のお客様による複数の予約が判明した場合、全ての予約を無効にする」などの制約があった。

しかしLは、予約時にメールアドレスを使い分けることで、この制約を易々と突破していた。といっても、Lはそれほど大量のメールアドレスを持っているわけではない。彼女が使ったのはある「裏技」だ。

それは、ひとつのgmailアドレスの、@マーク以前の部分に適当に「ドット」を入れることで、予約システムに「別のアドレス」と誤認させる、というものだ。

例えば、「abcdef@gmail.com」というメールアドレスを持っていた場合、「a.bcdef@gmail.com」、「ab.cdef@gmail.com」、「abc.def@gmail.com」というメールアドレスを予約フォームに入力する。すると、それぞれ別のメールアドレスとして認識されるのだ。ところがそれら宛に送信されるメールはすべて「abcdef@gmail.com」のアカウントで受信することができる。

近年、転売ヤー対策として事前予約や事前登録を求められることも多いが、この方法を使えば、多くの場合、複数名義で予約を取ることが可能なのだ。

名義は、念のためそれぞれ異なる偽名で予約していた。しかし、会場では予約時に発行されたQRコードを提示して入場するだけで、身分証の確認などはなかった。

中へ入るとLは展示物には目もくれず、物販コーナーに直行する。

「転売行為はお控えください」。壁にそう張り紙がされたその場所で、彼女は展覧会写真集やトートバッグやストラップ付きフィギュアなどをどんどんと買い物かごへと放り込んでいく。一見、手当たり次第に見えるが、実は同じ商品を5点ずつ選んでいる。同一商品の購入は、一人当たり5点までに限定されているからだ。他の客からは冷たい視線が刺さる。

入場するたびにこの調子で大量購入しているLは、何人かの店員の顔を把握している。特に転売行為について釘を刺すようなことを言われたことはない。

この展覧会に転売目的で来場している客は、彼女だけではなかった。Lはこれまでに、日本人の転売ヤーとみられる来場者も何度も目撃していた。先ほども、過去に限定品の販売会場で何度か顔を合わせている中国人と出くわしたばかりだ。

この日購入したのは、約200点〆て23万円超。最終日で品切れの商品もあったため、少な目だ。Lがこの展覧会のグッズ売り場での「仕入れ」に費やした金額は、600万円を超えている。

日本国内では、Lのような転売ヤーの存在に業を煮やした羽生ファンたちは、Twitter上で転売品の購入を控えるよう呼びかけあっていた。また、同展の限定グッズを高値で出品したフリマサイトのアカウントが、SNS上で晒されるなどということも行われていた。

確かにLには中国という国外の売り先がある。しかし総額600万円分ものこまごました雑貨がそれほど売れるものなのか……。

結果から言うと、彼女は、20日間で仕入れた羽生グッズを2ヶ月あまりで全て売りさばいた。売上の総額は約800万円。単純計算で200万円を儲けたことになる。しかも彼女は、日本橋髙島屋の後に行われた名古屋と大阪での展覧会にも足を運んで仕入れた約300万円分も完売し、400万円を売り上げた。東京分と合わせて計300万円の儲けである。

Lがこれだけの儲けを出した背景には、〝生配信〟がある。微博で羽生関連商品に商機があると判断した後、彼の情報を配信するアカウントを中国の若い女性に人気のSNS・小紅書《シャオホンスウ》で開設。以前から、日本のメディアが取り上げる羽生関連の情報を翻訳して投稿して地道にフォロワーを獲得していった。同時に、羽生特集を組んだ雑誌や、彼の写真が使用されている企業の販促グッズの転売も行っていたのだ。

フォロワーは800人ほどで頭打ちとなったが、購入意欲は高かった。フォロワーから「柚子がイメージキャラクターを務めるこんな商品が発売されるからぜひ入手してきて」と、要望を受けることもあった。

展覧会開催前と会期中、Lは小紅書で生配信を複数回行い、会場で売られる限定商品の注文を受け付けた。結果、同展終了までに、約250人から注文を受けた。会期中に羽生が現役引退を表明すると、それまで以上のペースで注文が入るようになった。

Lは注文量以上に購入した商品もあった。即売はできなくても、いつかは売れるだろう、もしかすると少し時間が経ったほうが価値が高まるかもしれないと思ったからだ。実際に、同展終了後に行った生配信や投稿で、完売。これらによって300万円の利益をたたき出したのである。これほど簡単に売れるのであれば、もう少し価格を高く設定するべきだったと多少後悔したという。

大変だったのは梱包と発送だ。注文から発送まで1ヶ月の猶予期間を設定していたが、それでも流石に1人で250件以上の注文を処理するのは気が重い。過去に、1日に1人で50点程度の発送をしたことはあったが、なにせ今回は桁がひとつ違うのだ。そこでLは友人2人にアルバイトに来てもらい、2日がかりですべての発送作業を終えた。

ちなみにLはこのアカウントの更新を、2023年9月末以降行なっていない。最後の投稿は羽生結婚の話題だ。彼が伴侶を得たことにより、羽生の中国でのカリスマ的な人気は落ち着きを見せると予想したLは、羽生グッズの転売から身を引いたのである。

そのＬの「読み」は結果的には当たることとなる。衝撃の結婚から３ヶ月後に、羽生は妻との離婚を発表。一部のファンに再び大きなショックを与えたようで、羽生グッズの需要にも翳りが見えたという。

「人気を誇った転売品もいつか必ず旬が過ぎる。だからこそ、また新しい転売品に注目が集まり、私たちに儲けのチャンスを与えてくれる」

Ｌは新たな商材探しに没頭しているためか、微博の『超話』を開いたスマホからひとときも目を離すことなく、独り言のようにそう呟いた。

第4章　ディズニーグッズ転売集団
——体力勝負の「仕入れ日」密着

転売ヤー御一行で夢の国へ

新年度が始まった2023年4月の平日の午前8時過ぎ。首都高速の葛西出口を降り、湾岸道路の舞浜大橋に差し掛かると、左車線の流れは急に滞り始めた。中央車線からその車列に加わろうとするのは、北関東や東海地方ナンバーの車だ。朝のラッシュに想像されるような殺伐さはなく、まるで同じ聖地を目指す巡礼者のように、互いに道を譲り合う。

前の車のリアガラスに目を向けると、車内で子供がはしゃいでいるのが見える。それもそのはずだ。次の分岐点で左に下れば、「夢の国」はすぐそこなのだ。

一方、筆者が乗るレンタカーのワゴン車は、メルヘンな雰囲気とは無縁だった。

「だからもう一つ先の浦安出口で降りたほうがいいって言ったのに！」

イラついた口調で吐き捨てる助手席の劉姐《リウジエ》を、運転席の蔣偉《ジャンウェイ》は、右頰を照らす朝日を眩しがるふりをしてやり過ごしていた。

ふたりのすぐ後ろに座る梓梓《ヅゥヅゥ》と小静《シャオジン》は、彼らのやりとりなど気にも留めない様子で、それぞれスマートフォンの画面を指で叩いている。最後列の阿麗《アリー》は、集合場所の池袋を出発した直後、イヤフォンで耳を塞いで目を閉じたかと思うと、それから微動だにしていない。

彼らが目指すのもまた、「夢の国」だ。しかし遊びに行くわけではない。なにしろこの車に乗っているのは、転売ヤー集団なのである（彼らの名前はすべて仮名）。

劉姐と筆者が出会ったのは、2017年のこと。許可なく宿泊サービスを提供する、いわゆるヤミ民泊事情を取材していた過程で知り合った。彼女は当時まだ20代後半だったが、都内で2軒のヤミ民泊を運営していた。その後、保有する民泊は4軒にまで増えたそうだが、2020年のコロナ禍でビジネスは頓挫。以降、糊口を凌ぐために転売業に転身した。初めは中国系の転売業者のもとで働く雇われの身だったがまもなく独立し、今はポケモンカードとディズニーグッズの転売をビジネスの中心としている。

この日の同行取材は、筆者が劉姐に申し入れ、彼女が他のメンバーに話を通してくれたことで実現したものだ。他の4人とはこの日の朝が初対面だったが、劉姐が事前に情報をくれていた。

劉のビジネスパートナーである阿麗はもともと物流会社を経営していた。そのサービスはちょっと普通ではない。中国に輸入する際に、数量が個人使用の範囲を超えると中国側で高額な税金がかかったり、通関できなかったりするような荷物を専門に扱う、いわば密輸業務を得意としてきたのだ。定期的に日本から一定量の貨物を中国に輸出している企業の担当者にコネがあり、コンテナの一部スペースを間借りして、顧客から受けた荷物を輸送していたのだそうだ。ところが近年、中国側の通関検査が厳格化されていることから、密輸が発覚した際のペナルティが重い品目（医薬品やたばこなど）についてはコンテナの間借りを断られるようになってきたらしい。そのため、運び屋ビジネスも縮小し、顧客の一人だった劉のディズニー転売に参画したという。

車を運転する蔣偉は関東の私立大学の4年次に留学中。かつて劉姐の民泊でアルバイトをしていた縁で、今は転売ビジネスを手伝っている。メンバーの中では最年少で唯一の男性でもある。

梓梓と小静は、それぞれ小紅書で、ディズニーグッズほか様々な日本製品を販売するアカウントを運営しており、どちらも数千人のフォロワーを擁しているそうだ。劉姐もこのふたりとは、阿麗の紹介で3ヶ月ほど前に知り合ったばかりだという。

つまり今日集まったのは、劉グループと梓梓、小静という3つの別々の転売事業者なのだ。ディズニーランドとディズニーシーでそれぞれ1ヶ月に一度ほどある新商品の発売日にはこうしてチームを結成して、協力し合って買い付けを行っているという。

この日も、ディズニーシーで複数の新商品の発売日だった。なかでも目玉商品はテディベアのキャラクター、「ダッフィー&フレンズ」の新作だという。

「今日は忙しくなる」

スマホを覗き込んだまま梓梓がそう呟いた。ディズニーグッズの買い付け前には、いつも小紅書のフォロワーからの予約注文を受け付けている。この日はいつにも増して注文が入っているという。

「快点儿!(早くしてよ!)」

ディズニーシーに隣接する駐車場に車を停めたのち、ハッチバックを開けてモタつく蔣偉を、劉姐が急きたてる。しかし彼には、購入したグッズを入れるビニールバッグなど、買い付けに必要な道具を持ち運ぶという大事な役割があるのだ。

見えない同行者15人と入園

入園を待つ100メートルほどの行列の最後尾に一行が加わったのは、午前8時40分ごろのこと。

平日にもかかわらずこの混雑ぶりは、TDR開業40周年を数日後に控えているためだろう。周りを見回せば家族連れや若いカップルなどばかり。20~40代の男女6人組のわれわれは、どういった集団に見えているのだろうか。できるだけ目立ちたくない。そう思ってうつむき加減に行列の流れに沿って歩いた。

及び腰の筆者をよそに、入園ゲートに辿り着いた彼女らは異様な行動に出た。

6人の中で先頭にいた小静がまず、スマホに保存されている電子チケットのQRコードをゲートの読み取り機にかざす。「ピッ」という認証音が鳴ったあとも回転ゲートを通り抜けることはせず、再びスマホを読み取り機にかざしたのだった。そして2回目の認証音が鳴ると、またもやスマホを読み取り機にかざす。小静がようやく回転ゲートを通過したのは、認証音を4度鳴らしてからのことだった。

最初は、他のメンバーのチケットをまとめてチェックインをしたものだと思っていた。ところが小静に続いた梓梓と劉姐も同じ手順で認証音を4度響かせたのだった。

「TDRの新発売のグッズには、『同一商品はひとり3点まで』という購入制限がされているものが多いんだよ。でも、こうやってわざわざ買い付けに来たからには、できるだけの量を仕入れたいでしょ。だから今日は、ひとり4枚ずつチケットを用意したよ。実際に入園する人はひとりでも、ゲートで『使用済み』にしたチケットが4枚あれば、同一商品もひとり12点まで買えるからね」

阿麗はそう説明すると、入園ゲートへと進んでいった。

不審な行為の理由が、転売対策の購入個数制限を突破するための手段だと知った筆者は、彼女がスタッフに呼び止められるのではないかとヒヤヒヤしていたが、目の前にいるスタッフは気にも留めていない様子だ。

結果、5人は15人の〝透明な同行者〟とともに入園を果たした。

スタンバイパス争奪戦

さっそく売り場に直行するのかと思いきや、彼らは歩速を緩め、一斉にスマホの操作を始めた。

「アプリでスタンバイパスを取らなきゃいけない」

劉姐がいった。

スタンバイパスとは、東京ディズニーリゾート・アプリで15分ごとに利用時間が区切られた予約枠を取得することで、混雑に悩まされることなく買い物ができるというシステムだ。新商品発売日からしばらくの間は、パーク内のいくつかの店ではこのパスが必要になる。今日のメインターゲットである「ダッフィー&フレンズ」の新作のような希少性の高い、つまり転売時に利幅の大きい限定グッズの数々が販売されているのも、スタンバイ制のショップなのだ。そしてスタンバイパスは、入園後でなければ取得することはできない。

つまり転売ヤーにとっての入園後、最初の仕事がこのスタンバイパスの獲得であり、取れなければ買い付けが始まらないのだ。

筆者も、自身のスマホでアプリを開き、スタンバイパスの取得を試みた。開園からまだ30分ほどしか経っていないというのに、どのショップも午前中の予約枠はすべて一杯になっていた。

しかし劉姐は事もなげだ。

「何度もアプリの画面を更新していたら、〝空き〟が出てくる。予約枠が補充されたり、一回予約した人がキャンセルしたりするから」

5人それぞれがスマホと睨めっこを続けること約10分、劉姐に小言を言われて意気消沈ぎみだった蔣偉が得意げに声を上げた。

「我取得了！（取れた！）」

彼が獲得したのは、入園ゲートからすぐの場所にあるガッレリーア・ディズニーというショップの10時15分の枠だった。

一行は、ショップの方角へと進み始めたものの、蔣偉を除く女性陣は相変わらず歩きスマホをしている。

「蔣偉が取ったのは、彼がチケットを持っている4人分の予約枠だけ。園内を行ったり来たりすることなく効率よく買い回るために、残り16人分の予約枠も、同じ店で近い時間帯に取れるように探している」（劉姐）

ショップの前に到着してもなお、彼女らはスマホの操作を続けていた。その結果、午前中に全員それぞれがパスを入手し、計20人分の予約枠を取得することに成功した。

そして10時15分ちょうど、入り口に立っているスタッフに蔣偉が4人分のスタンバイパスを提示し、阿麗、小静、梓梓とともに店内へと入っていった。劉姐と筆者は外で待機だ。

よく見ると、そこかしこに転売ヤーが

近くのベンチに腰掛け、人の流れを眺めていると、彼女ら以外にも大勢の転売ヤーが闊歩していることに気がついた。転売ヤー集団を見分けるのは簡単だ。まず、彼らは大抵4、5人のグループで歩いている。そして、購入した大量のグッズを持ち運ぶための大型のビニールバッグを両肩から下げているのも特徴だ。バッグは園内で売られているキャラクターバッグであったり、IKEAで売られている青いバッグだったりで、多くの場合は使い古されている。「夢の国」に出かけるのに、わざわざ薄汚れた大型ビニールバッグを持ってくる一般客など、ほとんどいない。逆に、コアなディズニーファンが着用しているキャラクターもののカチューシャや被り物の類を着けている転売ヤーは皆無だ。彼らにとってTDRはあくまで商材買い付けの場でしかないのだろう。

15分経つと、蔣偉らは、すこし膨らんだビニールバッグを抱えて外に出てきた。それ

を出迎えようと立ち上がったのだが、彼女らはこちらに来ることなく、もう一度店の入り口にもどる。今度は小静が4人分のスタンバイパスをスタッフに見せて、再度入店したのだった。彼女は、ちょうど次の時間帯の予約枠を取得していたのだ。

店を出た直後に再入店する彼女らに、スタッフが怪訝な表情ひとつ浮かべなかったのは、ひとり4枚のチケットで入園した際と同様だ。

若干、手持ち無沙汰になった筆者は、出入り口から店の中を覗き見た。驚いたことに、中にいる買い物客の7、8割が、前述の〝転売ヤールック〟なのである。先ほどから店には別の転売ヤー集団も盛んに出入りしていることは気づいていたが、ここまでとは思わなかった。

しかしよく考えてみればそれもそうだろう。多くの一般客にとって、ディズニーのお目当てはまずはアトラクションやショーだ。それらを犠牲にしながら、スマホと睨めっこしてアプリ画面の更新を繰り返して予約枠を勝ち取り、さらに指定された時間にショップを訪れるというのは、ハードルが高すぎる。

このスタンバイパスはもともと、混雑に悩まされることなく落ち着いて買い物を楽しんでもらうために導入されたシステムかもしれないが、その恩恵を最も受けているのは転売ヤー集団という、皮肉な状況となっているのだ。

元来の野次馬根性が刺激された筆者は、転売ヤーが巣食う店内に入ってみたくなった。劉姐に伝えたところ、次の時間帯に彼らのスタンバイパスで入店させてもらえることになった。

先ほどガッレリーアを「２回転」した４人は、さらに膨らんだビニールバッグを抱えて店から出てくる。次に取得している予約枠の時間までは30分ほどある。しかし荷物だけをベンチに置くと、蔣偉と小静は立ったままスマホをいじり始めた。早くも次の店のスタンバイパスを取ろうとしているのだ。

スタンバイパスの取得回数には制限がないが、チケット一枚につき同時に取得できるのは１枠のみ。取得したパスを使うか、「取得済みのスタンバイパスの利用開始時間以降（前回の取得から60分以上経っている必要あり）」か、「前回の取得から２時間後」のいずれか早い時間から、再度の取得が可能になる。蔣偉と小静が取った１度目のスタンバイパスはすでに使用済みとなったため、再取得が可能なのだ。

閉園時間までに必要な買い付けを終えるには、できるだけ継ぎ目なくスタンバイパスを取得しなければならないため、彼女らにはなかなか休む暇がない。

店頭で熱心に検品作業

それにしても、なぜ彼女たちは4人分ごとにスタンバイパスを取るのだろうか。同アプリでは、20人まではグループとして登録でき、スタンバイパスの取得も全員分を同じ予約枠で一度に取ることができるのだ。

この疑問をぶつけると、劉姐は一言こう言った。

「付いてきたらわかるよ」

3度目のスタンバイパスの利用開始時間となり、筆者と劉姐が梓梓と小静とともに店の入り口へと向かう。

店内は、思った以上にゆったりとしていた。小学校の教室2つ分ほどの広々とした空間に、客は30人ほどしかいない。外の人口密度と比べても半分以下だ。スタンバイ制で利用客の数をコントロールしているおかげだろうが、なるほどこれなら快適に買い物ができる。しかしやはり、外から覗き込んだ時に感じた通り、買い物客の大部分からはプロ臭がする。

彼女らはそれぞれ別の陳列台で〝仕入れ〟を始めた。筆者はまず劉姐に付いていった。

手当たり次第に商品を買い物かごに入れていくのかと思いきや、一つ一つの商品に、汚れや不具合がないか、熱心に見極めてから買い物かごに入れる。ショップ側ですら、これほど慎重に検品をしていないのではないかと思えるほどだった。

「中国人の客はうるさいから。ちょっとでも汚れていたら返品しろって言ってくる。特に気をつけないといけないのは、ぬいぐるみ類。よく見ると顔が全部違ってて、たまにブスなのがいるから要注意」

商品を選別する手を止めることなく劉姐が言った。

一方、梓梓と小静は、さかんにスマホ画面を確認しながら、商品を選んでいる。後ろから覗き込むと、開いていたのは小紅書のアプリだった。

筆者の視線に気がついた小静が話す。

「小紅書のフォロワーから注文が入ってきている。それに従って商品を買い付けている」

買い付けのやり方の違いは、彼女らの販路の違いによるものだ。劉姐が説明する。

「うちは阿麗さんの物流会社でまとめて中国に送って在庫として保管しておいて、天猫《ティエンマオ》などの BtoC サイトに出品し、購入した顧客には国内配送で商品を届けている。ただ、限定品といっても人気がないものだと売れ残ってしまうので、事前にSNSなどでリサーチをした鉄板商品だけを買い付けるようにしている。梓梓さんと小静さんは、小紅書で入った予約に従って商品を買って、日本から購入者に直送している。過剰在庫になるリスクは低いけど、ひとりひとりの顧客に対応しないといけないから面倒くさいし、送料が割高になるぶん販売価格を抑えないと売れないので、利益は少なくなる」

劉姐の話を聞いていると、

「17万3900円になります」

という声が後ろから聞こえた。

振り向くと、やはり転売ヤーと見られる40代前後の3人の男がレジ台の前に立っており、台の上には大量のグッズが並んでいる。

3人のうちのひとりがこともなげにクレジットカードを差し出し、支払いを行う。同時に残り2人がレジ台のグッズをかき集め、持参したビニールバッグに詰め込んでいった。

「ここはこれで終わりやな」

「そやな、次はどこやったっけ?」

店を出ていく彼らからそんな会話が聞こえてきた。話しぶりからして、日本人もしくは日本語ネイティブであることは間違いなさそうだ。

購入個数制限との攻防

劉姐が筆者を呼ぶ声が聞こえた。声の方に目をやると、彼女がレジ台の近くで手招きをしている。駆け寄ると、レジ台のスタッフは筆者の姿を確認してから、会計をはじめた。

購入個数制限のあるグッズを買う際には、客の人数を目視で確認しているようだ。劉姐がレジに差し出した買い物カゴの中には、2人分の会計としなければ買えない個数の限定グッズが含まれていた。

これが、彼女らが20人分のチケットを所持していながらも、同じ時間帯の予約枠を一気に取得しない理由だ。20人分のスタンバイパスを同じ予約枠で取ったとしても、購入時に人数確認をされると、最大でも、実際のメンバー数である5人分の個数しか買えなくなってしまうのだ。

梓梓と小静のような個人転売ヤーが集団で買い付けにくるのも、購入個数制限への対策が一番の理由だ。今回のように集団で買い付けに来て総力を上げてスタンバイパスを取り、取れたパスを互いに融通しあうほうが効率がいいのだ。

劉姐の会計金額は、10万円を少し超えていた。彼女は長財布から取り出したクレジットカード1枚で支払う。

レジ台のスタッフからクレジットカードを返却されると、劉姐はなぜか一緒に受け取ったレシートでカードを包むようにして、長財布とは別のカードケースに仕舞った。

「買い付けの時に一度使ったカードは、次使うまでに少し時間を空けるようにしている。同じお店で何度も高額決済していると、不正利用されていると判断されて、ロックされることがある。その度に電話でロック解除してもらうのは時間の無駄なので、買い付けには10枚くらいカードを持ってきている。日本のクレジットカード2枚と、中国の2枚。あとはぜんぶデビットカード。外国人はクレジットカードの審査が厳しいから」

梓梓と小静もそれぞれ6万円程度購入し、店の外へ。それも束の間、筆者と阿麗が入れ変わるかたちで、4人はまた店に入って行った。

ベンチで待機している蔣偉の元へ行くと、ノートパソコンを出して何やら作業をしていた。

「大学の卒業論文の下書きをしています。テーマは『電気自動車が生み出すビジネスチャンス』について」

彼は卒業後も日本に住み続けることを希望しているという。もともとは不動産業界への就職を考えていたこと、しかしすでに就職活動を中断したことなどを話してくれた。

「じゃあ卒業後どうするの？」

筆者の質問に、彼は即答した。

「転売やります。しばらくは劉姐さんの会社で働いて、資金が貯まったら独立します。転売から少しずつ会社を大きくして、いろいろなものを扱う貿易会社にしたい」

「そんなに長く転売で儲けられるかなぁ」

「世の中から転売は無くならないですよ。転売が良くないこととされている日本では逆に、ビジネスチャンスがいくらでもある。やりたがる人が少ないですから。もしディズニー転売が廃れても、日本はコンテンツ産業やファッション産業が盛んですし、限定品として販売される商品がなくならない限り、転売は儲かりますよ」

劉姐に窘められてばかりで頼りない印象だった蔣偉からの、予想外の反駁に筆者は少し狼狽えた。

その後も2人で雑談をしているうちに、4人の女性転売ヤーは店を2回転して帰ってきた。これでこの店での買い付けは終了だ。持参したビニールバッグは、どれももうこれ以上はほとんど何も入れられないほどに、パンパンにふくらんでいた。

午前中だけで一人およそ15キロほど購入

「では一回、車に荷物を置きに行きましょう」

劉姐の一声で、各自ビニールバッグを肩にかけて持ち上げはじめた。男性の蔣偉はもっとも重そうなバッグを左右の肩にひとつずつ。女性陣は、それぞれ一つずつバッグを運ぶ。筆者も取材をさせてもらっている手前、バッグをひとつ引き受けた。重さから、15キロほどはありそうだった。

時間はまだ正午前で、入園口からはかなりの人が園内の中心部へ流入してきていた。我々は流れに逆らって歩いていく。その間も4人の女性は歩きスマホだ。もちろん、スタンバイパスの予約枠を探しているのである。

そして入園ゲートで再入園のためのスタンプを手の甲に押してもらい、駐車場へと向かう。

この際、筆者はちょっとした違和感を覚えた。閉園までに余裕がある時間帯にパークを出る際には、スタッフから「行ってらっしゃーい」と声をかけられるはずなのだが、その声がなかったのだ。ビニールバッグの中身を空にしてすぐに戻ってくることを知っているからなのか。理由はわからなかった。

駐車場のワゴン車にたどり着くと、５人は車内に置いてあった透明なゴミ袋にビニールバッグの中身を乱暴に詰め替え始める。先ほどショップ内でぬいぐるみの顔つきを丹念にチェックしていた慎重さは見る影もない。

空になった６つのビニールバッグを蔣偉がまとめて束ねると、われわれは再び園内へと戻った。ゲートのスタッフは、手の甲の再入園用のスタンプを見せると、今度は「お帰りなさい！」と歓迎してくれた。

そうこうしているうちにも、彼女らは次にターゲットとするショップのスタンバイパスを揃えていた。スチームボート・ミッキーズという、ゲートから徒歩５分ほどの場所にあるショップだ。先ほどと同じ要領でこの店を5回転したのち、また車に戻ってビニールバッグを空にして、園内へと戻ってきた。

時間は午後2時近くになっていた。

「ご飯食べに行きましょう」

劉姐の提案で、一行は園内のレストランで食事をすることになった。いつもは持参したコンビニの菓子パンなどを買い付けの合間に食べているというが、今日は長丁場なのでしっかりした食事を取ろう、ということになったのだ。

彼らが目指したのは、ドックサイドダイナーという飲食店だったが、なかなか辿り着けない。ショップまでは目を瞑っていても辿り着ける彼らだが、飲食店については把握していなかった。

そこで小静が、近くにいたスタッフに、店への行き方を尋ねた。

するとその男性スタッフはこう言い放った。

「アプリを見れば分かりますよ」

筆者はその態度に呆気にとられたが、小静は気にするでもなくアプリのマップ機能でレストランを検索した。すると、目当ての飲食店は、わずか2、3分の距離にあるではないか。男性スタッフが方向を指さしてくれさえすればわかったのだが、転売ヤーは彼らのホスピタリティの対象外というわけか……。

限定品商法で拍車がかかる

オリエンタルランドが公表している２０２４年３月期のＩＲ資料によれば、ゲスト１人当たりの商品販売収入は５１５７円で、過去最高を記録している。ここには飲食販売収入は含まれていないので、そのほとんどがグッズの販売収入と見ていいだろう。親子４人家族でＴＤＲを訪れた場合、グッズ商品を２万円以上購入することになる。コアなディズニーファンは別として、一般的なＴＤＲ利用者の感覚からするとかなり高額なのではないだろうか。

ちなみにディズニー転売ヤーが社会問題化する以前の２０２０年３月期には、１人当たりの商品販売収入は３８７７円だった。わずか４年で１３００円近く上がったことになる。商品の値上げによる影響もあるだろうが、１人あたり１００万円近くのグッズを購入することも珍しくない転売ヤー集団が、商品販売収入をいくらか押し上げていると考えられるのではなかろうか。

この日、筆者がディズニーシー園内で遭遇しただけでも、30人前後の転売ヤーがいたと思われる。ディズニーランドにも同程度の転売ヤーがおり、彼らがみな複数のチケットを利用して月に一度100万円分のグッズを購入していたとしたら、それだけでも1日の転売ヤーからもたらされる売上は6000万円になる。劉姐らは、「儲けを出すには新商品発売から3日間が勝負」と話していたが、こうした状況が、毎月新商品の発売後3日間続くと仮定すると、少なくとも年間20億円を超える売上が転売ヤーによってもたらされていることになる。

1人あたりの商品販売収入に入園者数をかけて出てくる年間の商品販売収入は約1419億円なので、そのうち1・4%程度が転売ヤーからの収入という計算だ。繰り返すが、これはあの広い園内で筆者が目視できた転売ヤーの人数から得た控えめな概算であり、さらに大きな規模であってもおかしくはない。

港湾の倉庫を模したレストランに着いてからも、筆者のモヤモヤした気持ちは消えなかった。転売の加害者が一体誰なのか、一向に分からなくなってきたからだ。

被害者は、比較的はっきりしている。第一には、転売の横行で正規の価格で購入できなくなる、その商品の愛好者だ。そして第二に、本当に届けたい顧客に届けられない販売側だ。彼らには転売の横行によってブランドイメージが毀損されるという被害もあるだろう。

転売ヤーが加害者の一端であることは間違いない。しかし転売市場で転売品を購入する愛好者も、転売行為の片棒を担いでいるともいえる。つまり同じ商品の愛好者でも、被害者であったり加害者であったりするのである。

そしてもう一者、転売行為を助長させていると思える存在がある。それは被害者でもある、販売側だ。供給量や販売場所を制限して販売する「限定品商法」は、転売ヤーのビジネスチャンスを作っているようなものではないだろうか。もちろん自社の商品をどう売るかは「売る側の自由」であるが、転売ヤーがこれに対抗して「買う側の自由」を主張した場合、合理的に論駁できるだろうか……。

ひとり頭の中で堂々巡りをしながら彼女らに目をやると、無邪気に骨付きの鶏モモ肉にかぶりついている。カップルや家族連れが列をなすアトラクションやショーには目もくれなかった彼女らが、初めて楽しそうな表情を浮かべていたのが印象的だった。この時ばかりは、彼女たちを転売ヤーと見抜ける者は少なかったはずだ。

「今日何人の写真に私たちは写り込んだんだろう。せっかく恋人同士でディズニーに来て撮ったツーショットに、こんなパンパンな袋を抱えた5人組が写り込んでいたら、いやだろうな」

これまで無口だった梓梓がそう話すと、どっと笑いが起きた。

劉姐だけは仏頂面でこう呟いた。

「でも仕事だから仕方ないでしょ」

ディズニー転売で出る利益

食事の後も、彼女らはスタンバイ制のショップ2軒をそれぞれ5回転し、パス無しで入れるショップでもいくつかのグッズを購入し、駐車場とパークをさらに3往復した。業務終了となったのは、午後7時過ぎ。ワゴン車が、商材で満載となった。

この日の買い付け額は、劉姐グループが250万円、小静と梓梓はともに100万円ほどになったという。

一方で、彼女らが最後まで言葉を濁したのが、転売による収益率だ。買い付け仲間とはいえ、同業者がいる前では互いに言いにくかったのかもしれない。

ただ、筆者が確認した限り、小紅書でTDRグッズを専門に転売しているアカウントには、定価2600円で売られているぬいぐるみやバッジが、送料別で約4000円で出品されていた。パークチケットの代金や交通費、販売手数料などの必要経費もあるが、それにしても販売額の20～30％ほどは最終利益として残るのではないだろうか。

全ての荷物を積み終えると彼女たちの車は、筆者を置いて走り出した。一席を空けなければ、買い付けたグッズが積みきれなかったため、電車で帰ると言って辞退したのである。

最寄りの舞浜駅までの道のりは、靴ずれができた右足を引き摺りながら歩いた。この日、ゆるめのスリッポンで来たことが間違いだった。5人はみなしっかりとしたウォーキングシューズを履いていた。

スマホの万歩計アプリを見ると、この日歩いた距離は14キロを超えていた。しかも彼女らは、この距離のうちの半分近くを、1つ15キロほどのビニールバッグを肩に吊るして歩いたのだ。

ディズニー転売ヤーは体力勝負だった。

後日、この取材によって浮かび上がった運営側の転売防止のスキマについて、筆者は東京ディズニーシーを運営するオリエンタルランドに指摘し、対策について質問をした。すると2024年6月、同社から書面で回答があった。

まず、転売ヤーが、購入個数制限を突破することを目的に、ひとりあたり複数枚のチケットを使用済みにしていることについて、

「パークエントランスの入園ゲートでは、一度に入園する人数分以上のチケットをかざすことはご遠慮いただいております」とのことだった。

取材時点では『同一商品はひとり3点まで』とされていた購入個数制限についても、「2024年以降は、特定の新商品発売時に、パーク全体で該当商品を1回しか購入できないよう新たな制限を設け、より多くのゲストにお買い物をお楽しみいただけるようにしております」とし、厳格化されたことが記されていた。さらに、「店内で長時間商品を確保して滞留されている方や、明らかにお一人が購入制限以上の商品を確保されている場合には、それらの行為をやめていただくよう店舗のキャストから直接お声がけをしております」とのことだった。

対策されれば、別の方法を見つけるだけ

こうした回答は、筆者にとって初耳というわけではなかった。実は、この回答が届く約2週間前、筆者は再び劉姐らの買い付けに同行していた。ディズニーシーの新エリア、ファンタジースプリングス開業2日目のこと。その際に、改定された転売対策について、目の当たりにしていたからだ。

入園の際、彼らが回転ゲートのQRコード読み取り機に読み込ませたチケットは、前回取材時とは違ってひとりにつき一枚だった。その理由について劉姐は、確かに「ひとりがたくさんのチケットを使用済みにするのはダメになった」と説明していた。

ところが入園直後、彼らはすぐに踵を返し、通ったばかりの入園ゲートを抜けて、外に出たのだった。するとさらに、入園ゲートへと続く数人の行列の最後尾に並び直したのだった。

「一度にたくさんのチケットを使用済みにするのはダメだけど、一回パークから出て別のチケットで入園するということを繰り返せば、前と同じようにひとりでありったけのチケットを使用済みにできる」（劉姐）

結局、彼らは退園後に再入園を2回繰り返し、ひとりにつき3人分のチケットを使用済みにしたのだった。

こうして実際の人数の3倍の「購入権」を得た彼らだったが、グッズの買い付けに向かったショップでは一部の商品が、「おひとり様1点限り」に制限されていた。前回の取材時と同様、彼らは複数の店舗を巡って、転売用の商品を次々と購入していったが、その総量は購入個数制限の厳格化の影響で、前回と比べるまでもなく少量であった。園内では、大型ビニールバッグを両肩に吊るして歩いている転売ヤーの姿もほとんど見られなかった。

しかし、転売ヤーがディズニー側の対策強化によって封じ込められてしまったわけではないようだ。

「転売対策が強化され、買い付けが難しくなったことは事実だけど、それによって中国の転売市場に流れる商品の量が少なくなり、単価が上がった。だから我々としては、グッズ一個あたりの利幅が大きくなり、楽して稼げるようになったともいえる。もう以前のように重い荷物を持って何往復もしなくてもよくなった」（劉姐）

加えて彼らは、わざわざパークに行かずとも商材を仕入れるスキームを確立していた。

「当日に入園済みのチケットがあれば、その日の夜11時45分までは、公式オンラインショップで、グッズの購入ができる。そこでＳＮＳで『使用済みのチケットを１０００円で買い取ります』と投稿して集めたチケットで、限定品を含めたグッズを買い付けることができる。わざわざパークに行かなくていいので楽だし、買い付けコストも安くてありがたい」（劉姐）

取材に対し、オリエンタルランドは、

「一部の商品が人気急騰により、パークで購入したくてもできないゲストがいることを課題と捉えております。引き続き従来の対応策の継続、改善を行いながら、１人でも多くのゲストに安心・安全に東京ディズニーリゾートで快適にお買い物をお楽しみいただけるよう環境の整備に努めてまいります」

とも答えていた。

オリエンタルランドによる対策の強化は、果たして転売ヤーの駆逐に繋がるのか。それを見極めるにはまだもう少し時間がかかりそうだ。

第5章　クリスマスに現れる「転売サンタクロース」
――転売ヤーSくんのその後1

ゲリラ販売を待ちながら

秋葉原のヨドバシカメラでPS5転売に加担したSは、その日も自室のベッドに仰向けになり、目を皿のようにしてスマホの画面を操作していた。ここ最近、アマゾンや楽天市場をはじめとするECサイトや、ネット掲示板、SNSなどを日に何度となく巡回するのが日課となっている。目当てはPS5の販売情報だ。

小銭欲しさに飛びついた怪しい転売バイトは、実際は自身の持つ「ゲーム機の購入権」を売り渡す取引だった。その権利を自ら行使してPS5を手に入れ、フリマサイトで転売すれば、バイトの報酬の3倍ほどの利益が得られていたはずである。しかし、そのことを知らなかったために、第三者に安値で横取りされてしまったも同然の結果となった。自身の無知に付け込まれるかたちで、搾取されたことに歯軋りせずにはいられなかった。

転売ビジネスに大きなチャンスがある。Sはそう確信していた。商品の入手に数時間はかかるが、その後はネット上で見つけた売り先に配送の手配を行うだけで、数万円が懐に入る。時給換算すれば、飲食店アルバイトの8倍以上になりそうだ。

第2章で触れた通り、当時、家電量販チェーンで行われていたPS5のゲリラ販売には、「過去に購入歴がないこと」という条件が設けられていた。さらに、支払いは各チェーンが発行するクレジットカードを使用することが求められており、店側は購入歴の有無を確認できる仕組みになっていた。こうしたゲリラ販売は、ビックカメラでも行われていた。Sは支払い手段として指定されているコジマ×ビックカメラカードに入会し、購入権を得る。それと同時に、ヨドバシカメラでPS5を購入した時の依頼主・曹宝にもこう連絡を入れた。

「ビックカメラでPS5の販売があった際にはまた手伝いますので、連絡してください」

約2週間後、曹宝からメッセージが来た。

「明日の朝8時からビックカメラ新宿西口店に行ってもらえますか？」

Ｓは翌日、指示通りに現地に向かった。そして、ヨドバシカメラ・マルチメディアＡｋｉｂａとほぼ同じ要領で、ＰＳ５通常版を入手することができた。

違っていたのはそこからの行動だ。手に入れたＰＳ５を引き渡すことはせず、自宅へと持ち帰ったのである。曹宝と連絡を取ったのは、ビックカメラのゲリラ販売情報を入手することが目的だったのだ。

曹宝からは状況を尋ねるＬＩＮＥが何通か来ていたが、アカウントをブロックした。意趣返しに成功して「してやったり」の思いだった。

その後、Ｓは入手したＰＳ５をメルカリに出品し約10万円で売却することに成功した。販売手数料や送料を差し引いても約４万円の儲けである。

Ｓはこの成功に味を占めた。しかし、すでにヨドバシとビックカメラという大手家電量販店の「購入権」は使い果たしてしまった。

そこで目をつけたのが、ネット上のゲリラ販売だ。ネット掲示板などでは、アマゾンや楽天市場内の店舗で散発的に行われていることが、しばしば話題になっていた。特定のクレジットカードの会員である必要はなかったが、事前告知なしに突然販売が開始されるうえ、在庫の数も限られている。購入には常時の情報収集と「瞬発力」が問われるのだ。Sがネット・パトロールに励んでいるのはそのためだった。

〝在庫の瞬殺〟のカラクリ

1ヶ月以上ネットの海を探索しつづけても、PS5の購入に成功することはなかった。一度、とあるネットショップによるゲリラ販売で、「在庫あり」表示を発見し、急いで購入ボタンを押した。しかし、決済ページ画面の注文確定ボタンを押すと、エラー表示が出現し、「売り切れ」であることが告げられた。あと一歩のところで獲物を逃したのだ。

それもそのはず。購入者の資格を問わないネット上のゲリラ販売には、転売ヤーグループが多数参戦している。しかも彼らは、限られた在庫を奪取するために、ある特殊な武器を導入しているのだ。

大手ECサイトのエンジニアが明かす。

「人気商品の限定販売やセールでたまに起きるのが『在庫の瞬殺』です。例えば100

点ほどの在庫を告知なく『一人一点限り』で売り出したような場合でも、販売開始からわずか2秒で売り切れとなることもある。通常、商品の購入を完了させるには、少なくとも【注文ボタン】と【確定ボタン】の2ステップをこなさなければならない。販売を察知して注文完了まで2秒で行うのは、人間にはほぼ不可能な芸当です」

では、なぜ在庫の瞬殺は起きるのか。

「在庫の瞬殺で首尾よく商品を獲得できた多くの購入者の正体は、転売ヤーなどが運営する『自動購入ＢＯＴ』です。ＢＯＴは、架空名義で作られたアカウントや、他人から買い取ったアカウントと紐付けられている。そして、転売ヤーたちはインターネット上の情報を自動で瞬時に察知する【クローラー】というプログラムを持っていて、目当ての商品が販売されるとほぼ同時に、ＢＯＴは注文から決済までを瞬時に済ませることができる。購入者の名義はそれぞれ違っていても、商品の送付先は同一のものがいくつもあったりします」

情報商材を買ってみると

通常の客はもちろん、単独で行動する個人転売ヤーすら勝ち目がほぼないといっていい。そのことに気づき、別の商材を模索しはじめたSの目に、こんなネット広告がやたらと飛び込んでくるようになる。

「誰でも簡単　転売ビジネス」

「せどり副業のススメ」

「限定品」や「ゲリラ販売」といったキーワードでネット検索を続けるSへ向けられた情報商材のターゲッティング広告だ。実在するかどうかもわからない匿名の実践者の成功談がつらつらと書き連ねられたあと、「今だけ半額」と購入を急かすのがお決まりのパターンである。

暇つぶしに広告に目を通すようになると、ますますSのスマホ画面に表示される同種の広告は増えていく。徐々に、こうした情報商材に何が書かれてあるのか、興味が湧いてきた。

そこでSは、「週に20万円も余裕　今すぐ始めるべきメルカリ転売」なる情報商材を購入してみることにした。

この種の情報商材の中では手頃な9000円で、内容が月並みだったとしても諦められる金額だ。また、Sがフォローしている副業系のツイッターアカウントが、この商材の提供者について、一定の評価を下していたことも購入の決め手となった。

クレジットカードで支払いをすると、PDF形式のファイルのダウンロード用のリンクが表示された。クリックすると意外にも数秒でダウンロードは完了した。全15ページ、ところどころ図表が差し込まれており、テキスト量自体は5000字ほど。期待よりも少ない。

マニュアルの冒頭にはこう書かれていた。

「1年でもっとも楽に転売ができる数日間があります。それはクリスマスシーズンです」

それに続く内容を要約すると概ね次のとおりだ。

「子供のサンタクロースへの願いを聞いた親は、何が何でも用意しようとする。クリスマス前の1週間は定価の2倍や3倍で販売できるチャンス」

続いて、転売の対象とすべき商品については主にこう記されてあった。

「定価5000円～7000円程度の商品」

「サイズや色のバリエーションが少ない商品」
「知育系玩具は避けるべし」
それぞれ根拠も付記されていた。まず価格に関して、「子供の夢を守るために2万円程度までは出す親が多い。そのため、商品の定価はその1/2〜1/3に収まるものが利益を最大化しやすい」。2つ目については「バリエーションの多い商品は需要が散らばって在庫ロスや欠品などの機会損失につながる」とのことだ。さらに知育系玩具を避ける理由は「知育玩具をサンタクロースに希望する子供は少ないため」としている。

転売でターゲットとする具体的な商材については、「毎年流行が異なるため、自身でマーケティングすべき」とされており、「11月以降には、各おもちゃメーカーが子供向けの人気YouTubeチャンネルにこぞってタイアップ広告を出すので参考になる」などといったヒントが書かれるにとどまっていた。

汎用性の高い情報を欲していたSにとって、クリスマスシーズン限定の転売手法の説明は少々拍子抜けだった。だが、その内容には一定の説得力もある。

「親が子を思う気持ちに便乗していいものか」

マニュアルを読み進める中でSの脳裏にはそんな思いも浮かんだ。しかしSの疑問をかき消そうとする言葉が用意されていた。

「クリスマス前に転売行為で、ある玩具が品薄になれば、サンタクロースを信じる子供の夢を傷つけることになるのではと心配される方もいるでしょう。しかし、一方ではあなたが転売する玩具によって、守られる子供の夢もあるのです」

Ｓはその強引な詭弁に笑ってしまったが、実践してみることにした。少なくとも、情報商材に支払った９０００円は取り返さなければならない。

Ｓは11月を前に、それまで全く無縁だった子供向けYouTubeをいくつもチャンネル登録し、動画で紹介されている玩具を調査した。そして某アニメのキャラクターグッズと、液晶付きの電子玩具を商材として扱うことを決める。11月の時点では、いずれも十分に在庫があるようで、一部のＥＣサイトでは５～10％ほどの割引価格で販売されていた。それぞれ10点ずつ購入。仕入れに要した金額はおよそ14万円だ。

これが一体、いくらに化けるのか。もちろん、ＰＳ５ほどの儲けになるわけはないと思いつつも、かすかに期待を膨らませてクリスマスシーズンの到来を待った。

Ｓは当初、すべての商品を定価の約２倍の価格でメルカリに出品するつもりだった。

ところが12月15日の時点で、すでにそれ以下の価格で出品されているのを見つけた。そこで予定を変更し、定価の約1・5倍の値段で出品した。

結果、12月22日までに、20点の商品のうち16点が売れる。これでその年のクリスマス転売プロジェクトは、「店じまい」の予定だった。それ以降に落札されても、クリスマスイブ配送が間に合わない可能性が高いためだ。マニュアルにも「販売後に配送が間に合わないとトラブルになる恐れがあるため注意が必要」と記されていた。

まるでサンタクロースになった気分

「手渡しの取引が可能でしたら即決購入させていただきますが、いかがでしょうか?」

メルカリのコメント機能で問い合わせが届いたのは、日付が23日に変わった深夜のことだった。

先方は、23日中に都内で受け取れるのであれば、Sが指定する場所と時間に向かうという。手渡しでの取引は経験がなかったため少し気が引けたが、クリスマスを過ぎれば不良在庫になる可能性もある。売れるだけ売っておきたい。Sはこの申し出を受けることにした。宛名を匿名にしたままヤマト運輸を使って配送できる「らくらくメルカリ便」としていた発送方法を「未定」にして出品し直すと、購入されたことを知らせる通知がすぐに来た。

「取引画面」で購入者とやり取りをし、手渡しはSの自宅の最寄り駅の交番前で、夕方5時と指定した。交番前を選んだのは、相手が良からぬことを考えていた場合、防犯効果があると考えたからだ。

Sが約束の時間ちょうどに到着すると、30代後半くらいのスーツ姿の男性がすでに交番を背にして立っていた。

軽く挨拶をして持参した商品を渡す。彼は低姿勢で愛想も良く、不埒な人物には見えない。受け取った小箱を傷がつかないように注意深く開けて中身を確認するとこう言った。

「昨日、娘が急にサンタさんへのお願いを変更したので、急いで何軒もお店を回ったのですが在庫がなく、ネット店舗からはクリスマスイブまでには配送が間に合わないといわれ、困っていたのでとても助かりました」

Sは交番前を待ち合わせ場所に指定しながらも、実は犯罪に巻き込まれることより、転売行為を非難されるかもしれないという不安を抱いていた。感謝の言葉をかけられるとは全くの予想外だった。

気をよくしたSは、別れ際に男性にこう言葉をかける。

「メリークリスマス！」

まるで自分がサンタクロースにでもなったかのような気分だった。

Sのクリスマス転売の最終的な売り上げは、約22万円だった。クリスマス後に定価の2割引ほどで出品して、在庫処分した3点の売り上げも含まれている。メルカリの手数料や送料を差し引くと手元に残ったのは5万円だった。

決して楽に儲かったわけではない。しかし、梱包や発送の手間を考えても、時給換算すると飲食店のアルバイトよりは高かった。扱う商品の点数を増やせば、商材の謳い文句の通り、「1週間で20万円」も達成可能だっただろう。

情報商材に支払った９０００円の回収が当初の目標だったSは、それをゆうに超える利益を手にし、ある程度の満足感を得ていた。

第6章　デパート外商を転売スキーム化
――高級酒でロレックスを買う

ジャパニーズ・ウイスキーで90万円の転売

2023年春、雨上がりの土曜日の夕方、都内湾岸エリアにある某タワーマンションの最上階にあるラウンジで、40代の会社員の田中（仮名）はソファに深々と腰をかけていた。先ほどまで、マンション内のジムでランニングをしていたままのラフな格好だ。

そこへ、紺色のストライプスーツを着こなした長身の男性が歩み寄り、「お世話になっております」と深々と頭を下げた。マスクの着用が個人の判断に委ねられたのは約1ヶ月ほど前のこと。彼の口元を覆う白い立体マスクは、ラウンジ内でも目立っていた。両手にはそれぞれ、有名百貨店Aの紙袋と、革製のビジネスバッグが携えられている。

「わざわざ来てもらってすみませんね、まあどうぞ」

そう田中が応じると、男性は儀礼的な恐縮のそぶりを見せながら、田中の対面の席に座った。

「ぜひお手渡ししたくて」

そう言いながら、紙袋の中から化粧箱を2つ取り出し、テーブルの上に恭しく並べた。

「こちらがお品物です」

2つの化粧箱の側面にはともに、「響」「30年」の文字が記されている。箱の中身はいずれも、高級ウイスキーとして知られる「響30年」なのだ。年間生産が数千本という希少性もあり、転売市場では50万円以上で取引されているシロモノである。

「響」や「山崎」に代表される、日本のウイスキーの価格が高騰し始めたのは2015年ごろからだ。国際的なジャパニーズ・ウイスキー人気と中国人を中心とした訪日ブーム、さらには原酒不足による供給逼迫などが重なり、世界のコレクターたちの収集欲を刺激した。ワインなどに比べて保管もしやすいことから投資対象としても注目されるようになり、定価の数十倍で取引されるものも珍しくなくなった。2022年6月には、米オークションのサザビーズで、2020年に定価300万円で限定発売された「山崎55年」が約8100万円で落札されたことも話題となっている。

「いつもありがとうございます」

田中がそう言うと、男性はふたつの化粧箱を紙袋の中に戻して、彼に手渡した。そして、ビジネスバッグの中から一枚の紙を取り出して、「ではこちらにお受け取りのサインを」とテーブルの上に広げた。

そこに商品の代金として書かれてあったのは「352000円（税込）」という数字。つまり一本当たり17万6000円だ。響30年の当時の正規価格である。

高級ウイスキーを手に入れると、田中が決まって行う儀式がある。化粧箱のまま自室のリビングのテーブルに置き、それを眺めながら角ハイボールを飲むのである。

そして月に一度、買い貯めたウイスキーを持って彼は出かけていく。目的地は車で15分ほどの距離にある高級酒専門の買取店だ。ここで彼は、購入した高級ウイスキーのほぼ全てを売却している。

「響30年」2本とともに「竹鶴25年ピュアモルト」（定価7万円）2本の計4本を持参した際には、約140万円の値がついた。紙幣カウンターを2回通り抜けた一万円札の束が、その場で田中に渡された。購入額を差し引いても90万円ほどの儲けである。

外商制度で希少銘柄を確保

通常、響30年を定価で購入するには、メーカーや小売店が行っている高倍率の抽選販売に当選するくらいしか方法がない。しかも２本も同時に定価で購入できることは、不可能といっていい。

しかし田中は、響に限らず、実勢価格で数十万円という国産ウイスキーの希少銘柄を繰り返し定価で入手しているのだ。

なぜそんなことができるのか。

それは彼が、百貨店Ａの「外商顧客」だからである。

外商とは、コンスタントに一定金額以上を消費してくれる「上客」を対象に、顧客の元に出向いて商品を販売したり、注文を取ったりする特別サービスのことだ。店舗の売り場の「外」で「商う」ことから外商と呼ばれる。

外商顧客にはそれ以外にもさまざまな特典が提供される。たとえば、一般客が入れない特別なセールやイベントに招待されたり、外商顧客専用のラウンジを利用できたりといった具合だ。そして、なかでも大きな特典が、「優先販売」である。一般客は手に入れることが難しい限定品や希少な商品も、外商顧客なら優先的に用意してくれることがあるのだ。

田中はこの特権を利用して、相場で50万円以上の響30年を定価で２本同時に購入することができたのである。

彼が百貨店Ａの外商顧客となったのは２０２１年の秋のことだ。その百貨店に入っているお気に入りのアパレルブランドを頻繁に利用しており、ワインや日本酒も購入していたため、パンデミック以前の数年間は、40〜50万円ほどをその百貨店で支払っていた。支払いには、５％のポイント還元を目当てに百貨店発行のクレジットカードを利用していた。

そんな彼の元に、ある日、「特別なお客様限定のご案内です」と書かれた封筒が届いた。外商顧客への招待状だった。それによると、外商顧客となれば、追加の会費なしでポイントの還元率は10％に上がるという。さらに、何も購入しなかったとしても駐車料金が一定時間まで無料。特典に魅力を感じた田中は、招待状に記載されているＱＲコードをスマホで読み取り、誘導された申込用のサイトで、必要事項を入力した。

「関心のあるお品物」を尋ねる質問に、田中は「紳士服・靴・バッグ」のほか、「時計・宝飾品」、「酒類」にチェックをつけた。

それから数日後、百貨店Aの外商部員を名乗る人物から電話があった。「田中様を担当させていただくことになりました石田（仮名）と申します」。彼こそが、冒頭の田中のタワーマンションに響30年を届けた男性である。

この電話で田中は、石田からさっそく「外商顧客様限定のお品物」をいくつか紹介された。

そのなかで、彼の注意を引いたのは、村尾という芋焼酎だった。特に焼酎好きというわけではなく、この酒も飲んだことはなかったが、入手困難な銘柄でネット上で1升1万円以上で売られていることだけは知っていた。

石田によれば価格はネット上でみた4分の1で1人1本までだという。田中は「買わなきゃ損」だと思い、電話口で注文した。その後、百貨店Aから郵送されてきた村尾を田中は自宅で開栓した。

そして、グラスを傾けながら、あることを思いついた。

百貨店Aの外商から定価で購入した希少酒を転売すれば、儲かるのではないか——。

田中は、定価購入が難しいような希少酒の入荷予定がある際には連絡してくれるよう、石田にメールで頼んだ。

コロナ禍で裾野の広がった外商顧客

ちなみにネット上には、外商顧客に関する記事がいくつもある。「一般人が1万円を使う感覚で１００万円を使う」とか、「値段を聞かずに購入を決める」などと、「知られざる世界」として描いているものも多い。

田中はタワマン住まいとはいえ、年収は１０００万円程度の会社員だ。共働きの妻の年収も加算すれば十分に「勝ち組世帯」の水準ではあるが、超富裕層と呼べる程ではないことは確かである。

では、百貨店Aはなぜ田中を外商顧客として受け入れたのだろうか。背景には、百貨店業界が抱える事情があった。

業界用語では、外商顧客は「帳場客」と呼ばれる。

かつて、百貨店Aでは原則として、年間１００万円以上の購入実績が3年以上続いている顧客を帳場客候補として招待状を送付していた。そのハードルが２０２１年に見直され、購買力の伸び代がある45歳以下の顧客に限り、年間の購入額が50万前後であっても、インビテーションの対象とすることとなったのだ。

きっかけは2020年に始まったパンデミックだ。緊急事態宣言などによる人流の制限、時短営業や休業、爆買い中国人をはじめ外国人観光客の入国がストップしたことなどが響き、2020年における全国の百貨店の売上は、前年比25・7%減にまで急激に落ち込んだ。その後は回復基調にあるものの、2023年の時点でもコロナ禍以前の状況にまでは戻っていない。

そうしたなか百貨店Aでは、外商顧客からの売上を向上させることで、この難局を乗り越えようという経営方針が打ち出された。

田中は、百貨店発行のクレジットカードに登録した年齢や利用履歴から、インビテーションの対象になったものと思われる。

売上ノルマに貢献する転売ヤー

全国の百貨店が抱える外商顧客は、一説によると250万世帯。そして彼らが、百貨店売上の2割前後を占めているともいわれている。しかし百貨店Aは、外商部門の売上は全体の15%ほどにとどまっており、その強化が長らく課題とされてきた。

外商顧客の対象拡大と同時に、百貨店Aが取り組んだのは、帳場客一人当たりの購入額の増加だ。外商部員たちには月800万円の「努力目標」という名の売上ノルマが課せられた。一方で、月1000万円を上回った部分に対しては、4％を乗じた金額がインセンティブとして支払われる。

一口に外商顧客と言ってもその購入金額はピンキリだ。石田が勤務する店舗の外商顧客は約6万人。しかし、その半数は1年以上にわたってほとんど取引のない「幽霊顧客」だ。一方で、購入金額上位10％の顧客は、外商売上の8割を占めている。

入会したばかりの顧客に「ご挨拶」として電話をかけ、先方の好みに合致する商品をさりげなく紹介する。対面営業が控えられていたコロナ禍には、これが石田の基本業務だった。

自ら積極的に連絡を寄越してくる田中のような顧客は、売上に貢献してくれそうな「有望株」だった。酒類の仕入れ担当者に連絡を密に取り、限定販売品や入手困難品の入荷があれば外商に回してもらえるよう、依頼した。酒類売り場側も、希少酒は抽選販売などを行うことで集客につなげたいという思惑があるため、そのすべてを譲ってくれるわけではない。また、同じく希少酒を所望する顧客を持つ別の外商部員が先に在庫を押さえてしまうこともあるため、情報力と交渉力がカギとなる。

石田は、毎月1、2回のペースで、確保した希少酒について田中にメールで知らせるようになった。

石田からみると、田中が選ぶ商品にはパターンがあった。まず、実勢価格が定価の3割増し程度の銘柄にはほとんど手をつけない。また、定価によらず、実勢価格が1万円以下のような商品にも興味を示さない。

一方で、実勢価格が数万円で、定価の2倍以上に跳ね上がっているような銘柄は、ウイスキー、ワイン、焼酎、日本酒とジャンルを問わず、即決する。1人当たりの販売本数に制限がない商品については、4、5本購入するということもあった。

「転売目的だな」

田中との取引を数ヶ月続けた時点で、石田はそう直感していた。しかし、売上ノルマに貢献してくれるのであれば、相手の購入目的などどうでもいい。

2022年春、都内でも最後のまん延防止等重点措置が解除された直後に、石田は田中と初めて面会した。平時において、担当者が自宅にまで御用聞きに来る外商顧客は、ごく一部の最上位客だ。田中の毎月の消費額は酒類を中心に10万円前後だったが、コロナ禍という状況を踏まえると、石田にとって上客のひとりであり、誠意を見せる必要があると考えたのだ。また、それまでの田中とのコンスタントな取引が石田の実績となり、さらに希少性が高い国産ウイスキーの在庫についても裁量を与えられたため、商品をぜひ対面で紹介したいという思いもあった。

3つのデパートを〝仕入れ先〟に

一方の田中は、転売用の希少酒の入手ルートを石田以外にも広げていた。都内にある別の百貨店BとCでも、外商顧客となっていたのだ。いずれも、それまで継続した取引はなかった。しかし、自宅のマンションのラウンジで知りあった会社経営者の藤井（仮名）がその2つの百貨店の外商顧客であり、彼の担当外商員をそれぞれ紹介してもらったのだ。田中は彼らに百貨店Aの外商顧客であることを告げた上で、利用履歴をメールで送付したところ、ともにインビテーションを送付してきた。それぞれの審査を経て、両百貨店での外商顧客となることができたのだ。

これにより田中の希少酒転売ビジネスはますます拍車がかかった。実勢価格が高騰している希少酒の多くは、決まって「1人1本まで」という購入制限が設けられていた。

一方で、3つの百貨店の全てに在庫がある場合は、家族である妻の名義も使って、最大で6本を購入することができるようになった。

田中には、3人の外商担当者と付き合う上で、心がけていることがある。それは、数ヶ月に一度、彼らに贈り物をすることだ。贈り物の中身は、渡す相手とは違う外商担当者から購入した酒と決めている。例えば、百貨店Bの外商担当者から購入した実勢価格2万円前後の希少日本酒を、石田に手渡したこともあった。これを受け取った外商担当者は、田中の心遣いを好意的に受け止めると同時に、自分と同じく彼に希少酒を提供しているライバルの存在を意識し、優先的に商品を回してくれるようになる。それが田中の目論見だ。

2022年4月からの1年間、田中は希少酒の転売で900万円以上の利益を手にした。実は希少酒を売却する場合、フリマアプリやネットオークションのほうが高値で取引できる場合が多い。しかし、反復的に継続して酒類を売却すると、「業」としてみなされ、酒販免許の取得が必要となるだけでなく、売却益が所得税の課税対象となる可能性もあるため、前述の通りもっぱら買取店で売却するようにしている。田中は年間1000万円ほどになる転売収益について、所得税を納めていない。

利益は高級時計に

２０２３年夏、田中は百貨店Ｂの都内の店舗に自ら足を運んだ。この日、彼はある品を受け取りに来たのだ。高層階にある「外商ラウンジ」の受付カウンターで名前を告げると、馴染みの外商担当者の男性がやって来て、さらに奥にある個室へと通された。

「大変お待たせいたしました。ようやくお渡しできます」

田中が腰掛けた革張りのハイバックソファの横に立つ担当者がしたり顔で言うのと同時に、個室のドアをノックする音が聞こえた。

男性が駆け寄ってドアを開けると、そこには白い手袋を着用し、胸の辺りの位置で銀色のトレイを抱えたスーツ姿の中年女性が立っていた。トレイの上には白い小箱が乗せられている。早歩きで戻って来た男性は、田中の正面のテーブルに白いクロスを広げた。中年女性は、その上に小箱を置いた。小箱には王冠のようなマークが記されている。ロレックスのロゴだ。

田中が４ヶ月ほど前、３つの百貨店のそれぞれの担当者にロレックス・コスモグラフ・デイトナの注文を出していた。いずれの担当者も「入荷時期についてはお約束できない」ということだったが、結果的に最も早く用意できたのが、百貨店Bだったのだ。そしてこの中年女性は、百貨店Bに出店するロレックスから、田中に商品を渡すために派遣された店員なのだ。

この時点でのコスモグラフ・デイトナの定価は約180万円。しかし中古品市場では、300万円以上で取引されるほど高騰していた。パンデミック下でダブついたマネーが時計や宝飾品などの高級品市場に流入したが、なかでも限られた職人による手作業で作られるために製造量を増やすことができないロレックスの価格は顕著に上昇し、新品価格と中古品価格が逆転する異常事態となっていた。とはいえ新品を定価で購入するのは至難の業で、目当てのモデルが買えるまでロレックスの正規店に通い続けるという、通称「ロレックスマラソン」を続けるファンや転売ヤーもいたほどだ。

酒類の受け取りだったら、この後、受け取り伝票にサインして取引終了だ。しかし今回はもう少し手間がかかるようだ。

《内容確認書》

中年女性は文頭にそう書かれた書面を田中に差し出した。そこには「転売目的の購入ではないこと」を宣誓させる一文があり、購入者の名前や住所、電話番号を記入する欄が続く。ロレックスは転売対策として、デイトナを含む人気モデルの購入者に、同一モデルの５年以内の再購入不可といった制約を課していた。

「中古市場への売却も５年間はお控えください」

書面に筆を走らせる田中に、外商担当の男性が釘を刺す。

その禁を破ってフリマサイトなどで転売すれば、間違いなく１００万円以上の儲けが出るはずだ。しかし、田中にはそのつもりはない。ロレックスの転売は必ずバレるからだ。ロレックスの時計は、モデルにもよるがおおむね３〜４年ごとに正規店にオーバーホール（時計のメンテナンス）に出す必要があるとされている。これを怠ると故障の原因になるほか、価値も下がってしまうのだ。正規店にオーバーホールに出せば、シリアルナンバーから登録されている購入者の名前が確認される。購入者とオーバーホールに持ち込んだ人物が異なれば、当然その時計は転売品ということになる。

そうなれば、ロレックスの再購入は難しくなり、在庫を確保してくれた外商担当者の顔も潰すこととなる。希少酒転売の収益のほぼ全てを今後、ロレックスにつぎ込もうとしている田中にとって、それは得策ではないのだ。外商担当との口約束である５年間は利率のいい定期預金に預けているつもりで待つ考えだった。

コラム　転売ヤーの問題点と法規制の現状

（骨董通り法律事務所　福井健策弁護士）

転売行為自体は自由

ある商品を安く仕入れて高く売ることは、市場経済の基本です。その基本に規制をかけることは現実的ではありません。ただ、一般の方でも様々なプラットフォームを使って転売を自由に簡単にできるようになった今、「病理」も目立ってきており、対応策を考えるべき段階になっていると強く思います。転売ヤーが問題視されるようになってから10年以上経っていますが、問題は全く解消されていません。

ここで言う病理とは「買占め」と「高額転売」です。転売が問題になるのは、希少な商品が対象のケースが大半です。転売ヤーたちは、多かれ少なかれそうした商品を買い占め、一般の人が本来の価格で手に入れにくい状況を生み出してから、高額で売ります。こうした状況では「高額で売るのは市場原理でしょ」という擁護論は、通用しにくいでしょう。買い占めが行われている場合、市場は適正には機能していないからです。

また、**酒類や医薬品**などの特定の商品は販売に免許が必要です。そうした商品を無免許で転売することは犯罪です。

ほかに今、法的に転売が禁止されているものに、チケットがあります。2019年、**チケット不正転売禁止法**が施行されました。人気のイベントチケットは、開催日がピンポイントで決まっており、通常は席数に限りがある。つまり、希少商品の代表例です。

実際、買い占めが日常的かつ悪質と言える状態で行われていました。チケットが発売されるやいなや、転売ヤーが不正な手段でアクセスを繰り返したりして一次販売サイトに一般の方がアクセスしにくくなり、店頭の窓口には転売ヤーが動員した並び屋アルバイトが列をなし、結果、すぐにチケットが売り切れてしまう。同時にそのチケットが数倍の値段で、転売サイトに大量に出品されている……。一般のファンが本来の価格、あるいは本来の手段ではチケットを入手できない「市場の失敗」と言える状況でした。

こういった背景からチケット転売へ規制をかける必要性、そしてそれが許容される状況が生まれます。コンサート主催者やアーティストなどの音楽業界関係者、そしてファンも転売ヤーから迷惑を被ったと強く主張し続けて、社会問題化。必要性と許容性の両方が揃い、法律で規制がされたのです。
法規制によって人々の自由を過度に制限しないかなど〝副作用〟の防止も大切な視点ですが、チケット以外の商品でも、人々の不満が高まり続ければ、同様に規制される可能性は出てくるとは思います。

「値上げすればすべて解決」ではない

転売対策として、「そもそもの値付けの失敗であって、売り出し価格をもっと高くすればいい」という意見がよく聞かれます。もっともですが、ややビジネスを単純化して捉え過ぎています。販売側があえて値上げをしないのには、しばしば理由があるからです。

「獺祭」で有名な旭酒造（山口県）は、商品の転売行為が後を絶たない状況に鑑みて、2017年に「お願いです。高く買わないでください」という新聞広告を出したことがあります。以前、社長とご一緒した際に「年に一度しか飲めない高級酒ではなく、今晩の晩酌の楽しみに食卓に並ぶお酒でありたい」と話されていました。コンサートにしても、1回だけではなく、今後、何度も足を運んでほしいという思いがあるからこそ、ファン層の手に届きやすい価格に抑えています。それは、誠意であると同時に、立派なマーケティング戦略ですね。

ただし一方で、もう少し柔軟な価格設定にした方がいいというのも、事実でしょう。例えば、市場の需要と供給に応じて商品やサービスの価格を変える「ダイナミックプライシング」です。メジャーリーグでは、スター選手が出場する試合など、観戦希望者が殺到するような場合には同じ球場の同じチケットであっても、公式販売の定価が数倍に跳ね上がります。これには、一定の転売防止効果があると考えられています。

販売側が設定する定価が、需要と供給によって決まる実勢価格よりも低い場合、両者の差額を利益に変えるのが転売行為です。ダイナミックプライシングにより、需要が集中する期間や商品に関しては、定価を値上げして実勢価格に近づけることで、転売ヤーが入り込む隙が埋まるからです。

興行物でも歌舞伎などは席の場所によって5段階ぐらいの料金差をつけてチケットを販売していますし、オペラも同様です。最近、音楽コンサートで「S席なのに、実際に行ってみたら、ひどい席だった」といったSNSの投稿も目立ちます。こうした「名ばかりS席」の批判に対応するためにも、いわゆる最良席はSS席、一般に見えにくいとされる席はB席やC席に設定してかなり価格差を付けてもよいのではと思います。そうすることで、各価格は市場の実勢価格に近づきますから、高額転売は成立しにくくなるでしょう。

ただ、先に述べたような課題もありますので、ジャンルやファンの事情にも応じた、バランスの良い導入が望まれますね。

販売側への詐欺にあたる場合も

「そもそも限定グッズなど、希少商品を意図的に出す方が悪い」という批判もありますね。ただこれも、少々酷だと感じます。ビジネスは工夫の競争なので、数量などを限定した商品の戦略は止められないと私は思います。問題は、商品を買い占められることを販売する側が想定しておらず、本当に迷惑だと思っているのか、それとも実は許容しているのか、という点です。販売側が本気で買占め禁止を呼びかけている時に、転売ヤーがその商品を複数買い占める行為は、やはり不正でしょう。ただ、多くの商品には正面からの規制法がありません。

この点、ポケモンカードやユニクロなど多くのオンラインストアでは、**転売目的での**

購入は規約で禁止されています。購入する人は必ず、規約に同意クリックしてアカウントを作ります。不当に一方的な条文でない限り規約は有効ですから、購入者はユニクロと「転売目的ではありません」という約束、契約を交わしていることになります。それにもかかわらず実は転売目的だった場合はユニクロとの契約違反にあたります。それどころか、企業側がはっきり転売禁止と示している商品を転売目的であることを隠して購入すれば、店に対する詐欺が成立するでしょう。

「購入した人には財産権があるから、買ったものをどうしようが自由だ」という声もあります。確かに、手に入れたものには転売ヤーに所有権がありますが、入手方法自体が窃盗や詐欺である場合、当然相応の処罰はあり得ます。加えて、それを承知で転売ヤーから商品を買ったら、買った人も**盗品等関与罪**にあたります。最高懲役10年。窃盗や詐欺と同じ重さです。

PS5や他の人気商品でも、店への詐欺が成立している悪質なケースでは、警察が動いてもいいと思います。すべての商品の転売で動くのは難しくとも、たとえばゲーム機の新機種など、転売ヤーの横行が見込まれるケースではメーカーと連絡し合い、摘発することは考えられます。現在のところ、転売行為に関して詐欺での立件は私の知る限り、チケットのみです。チケットは不正転売禁止法施行後も、詐欺罪で立件されるケースがありますが、詐欺という点ではチケットに限る理由はありませんね。

販売店が出来る対策

店側の工夫として確実なのは購入希望者に「転売目的でない」という旨のサインをさせることです。店頭でそこまでするのは難しい場合、レジで単に「同意しました」という画面ボタンを用意することも有効でしょう。お酒の年齢認証などと同様ですね。「必ず、転売禁止に同意した上で購入したという証拠にOKを押してもらうようにする」と決めて販売し、その商品が転売市場に出回ったら、転売ヤー側が店に対して詐欺を行ったという証拠になりえます。

プラットフォームに求められること

いわゆるフリマアプリや、チケット転売サイトといったプラットフォーマー側の対策もしばしば不十分です。「転売に悩んでいる企業と連携協定を結びました」などの発表はよくありますが、対策として実効性がある状況にはほど遠いケースも見られます。

プラットフォーム側も、詐欺が介在して入手されたものだと知りながら販売の場を提供すると、理論上は盗品等関与罪にあたる可能性があります。ただし、転売ヤーとみられる出品者を**不正転売処罰対象者**であったり、古物商許可証を持っていない**古物営業法違反者**とみなすには、出品者が売買行為を反復継続しているかどうかを確認しないといけません。そして、出品者の情報を持っているのはプラットフォームだけ。それを握りながら高額転売からの手数料収入を稼ぐ構図は、おかしいですね。

なお、古物商許可証を持つことは「業として古物売買をやってよい」という証であり、当たり前ですが不正転売や詐欺を許すライセンスではありません。単に「古物の売買を業として反復継続して行うんだったら許可は取ってください」という法律があるだけです。何回売買を行ったら業とみなされるのかの基準については、反復する気があれば、まだ1度しか売買していなくても、その時点で業とみなされるでしょう。

一方、買うだけ、もしくは売るだけの人は古物商許可が不要です。新品で買った洋服を自分で着てみて「思っていたのと違った」とメルカリに出品する人がいるとして、そうした行為を何回繰り返しても、古物は買ったことがないので「古物売買」にあたりません。

「転売ヤーから買わない」が問題解決の第一歩

転売ヤーから購入できる人は「行列に並ばずに手に入るので構わない」「便利だ」と考えているかもしれません。でもやはり買い占めを伴う転売は社会全体への悪影響も大きいのです。コロナ禍では、マスクや消毒液の転売すら横行し、人命に関わる事態となりました。この時は政府が**国民生活安定緊急措置法**で転売の禁止に乗り出しました。この法律は「物価が著しく高騰又は高騰するおそれがある場合」で「生活関連物資等の供給が著しく不足、かつ、需給の均衡を回復することが極めて困難」なために「国民生活の安定に重大な支障が生じるおそれ」などがある場合に、政令で対象品目を指定することにより、政府が「譲渡・譲受の制限又は禁止」を行えると定めています。

何より、転売ヤーによる売買は、作り手には1銭も入らず、利益は転売ヤーの不労所得になっているだけです。高額のお金を払ったファンには、ほかの関連商品を買う余力がなくなってしまったというケースもあるかもしれません。そうなれば、業界全体にとってはむしろ収入減となります。

そのため、消費者にできることは、少なくとも不正が介在していることが明らかな商品を購入しないこと。買うことによって転売に協力しないようすることです。

第7章　中国ＳＮＳ転売事情
――インフルエンサーと転売ヤーの狭間

ゆるゆる配信で注文受付

羽生結弦グッズの転売から身を引いて3ヶ月ほどが過ぎたある夜、Ｌはスマホのカメラを自分に向け、リキッドファンデーションを吸い込ませたパフを右頬に叩きつけていた。時折「伸びがいいけどしっとりしている」、「カバー力ありますね」などと呟く。

スマホカメラの向こうには、数百人の視聴者がいる。Ｌは中国のＳＮＳ小紅書で自らのフォロワーに向け、日本の美容用品を紹介する生配信をしていたのである。

美容用品に特化したＬのアカウントには、現在、４０００人以上のフォロワーがいる。Xやインスタグラムでフォロワー４０００人というと、日本の一般人ではなかなか到達が難しいレベルだろう。しかし中国には日本の10倍以上の人口がいることもあり、小紅書でフォロワー数千人規模のアカウントは、ざらに存在する。

数十秒に一回の頻度で「ピロリロ」という音が鳴る。紹介している化粧品に対して注文が入ったことを知らせる小紅書の効果音だ。

彼女が行っているのは、ここ数年、中国の電子商取引市場を牽引しているライブコマースである。アカウント主は生配信を通じて商品を紹介し、視聴者は購入から決済までを小紅書の中で完結することができるのだ。これぞ、小紅書が多くの世界的なＳＮＳと一線を画している機能のひとつだ。小紅書は月一回以上ログインする約２億人のアクティブユーザーの９割を10～30代前半の女性が占めるとされている。こうしたセグメントを反映し、小紅書でのライブコマースで取り上げられるコンテンツは、化粧品や女性用のファッションアイテムや旅行情報などが中心となっている。なお、小紅書では生配信での即売以外でも、動画や画像の投稿に商品名をタグ付けすることで、それを見たユーザーに購入を促すことができる。

さしずめネット版の通販番組といったところだが、Ｌの配信は、プロの販売士が売り文句を捲し立てるようなものではなく、テーブルに並べた複数の商品を気まぐれに試用しながら、率直な感想をダラダラと述べるだけのゆるいものである。

にもかかわらず、注文通知が次々と鳴り響く。この日は5分ほどの配信で、40件の注文が入った。ただ、この時点で彼女は商品を手元に持っていない。生配信で獲得した注文に従ってドラッグストアや百貨店に買い出しに行き、それぞれの注文者の元へと届ける。リスクの少ない無在庫転売という形で、利益率は商品によって30～50％と高収益だ。

雑誌を無断転載し商材に

彼女が小紅書を使った転売ビジネスに参画するようになったのは、コロナ禍がきっかけだった。日本の大学を卒業したのち、東京にある中国系の不動産会社で4年ほど賃貸物件の営業職に就いていたのだが、２０２０年のコロナ禍の影響で物件を探す人が激減してしまった。それまで収入の半分近くを営業コミッション（成果報酬）で稼いでいた彼女にとって、これは文字通りの死活問題だった。

２０２０年夏には、彼女の会社でもテレワークが認められたが、どこにいようとやるべき仕事はほとんどなかった。カネを使わずに有り余る時間を潰すには、スマホが一番手軽だ。日がな一日スマホをいじる生活を続ける中、彼女の興味を引いたのが小紅書で のライブコマースだった。同年代の在日中国人が動画の生配信で紹介する日本製フライパンが、母国でロックダウンや人流制限策のなかで暇を持て余している同胞たちに2倍近い価格で飛ぶように売れていたのである。

一念発起したLは、人気のある在日中国人配信者のアカウントを複数フォローし、分析を開始する。すると、成功を収めているアカウントにはいくつかの特徴があることがわかった。

まずはアカウントのテーマが明確であることだ。アニメもスイーツもファッションアイテムもといった具合に複数のコンテンツを取り上げるアカウントより、特定のテーマに絞って投稿しているアカウントの方が、フォロワーが多い傾向にあった。フォロワーとの密なコミュニケーションも重要のようだった。1000人以上のフォロワーを持つアカウントの多くは、1日数回は写真や動画を投稿することはもちろん、フォロワーからの質問に答えるなどして信頼関係を構築している。また、一時爆買いの対象として話題となった医薬品分野は、扱うアカウントが多すぎるためか、飽和しているように見えた。

研究結果も踏まえ、彼女はまず、美容関連品に特化したアカウントを開設することにした。ある程度の知識や興味がある分野で戦う方が、ハードルが低いと考えたためだ。

中国の地方都市で青春時代を過ごしたLは、来日前はほとんど化粧をしたことがなかった。日本に来て、彼女は日本製化粧品の品揃えの多さに目を奪われた。特に魅力的だったのは、アイシャドウや口紅のパッケージデザインである。どれもまるで宝石や高級菓子のような凝ったもので、中国にいた時に見た化粧品とは全く異なっていた。彼女は、収集欲を満たすために気に入ったデザインの化粧品を買うようになった。化粧品が手元にあると、肌につけてみたくなるものである。大学を卒業する頃には日本風の化粧も一通り覚えた。

新設したアカウントで最初に投稿したのは、アラサーを対象とする日本のファッション雑誌の美容ページの写真だった。そこで日本のモデルが語るメイクアップの秘訣と、愛用の商品についての内容も翻訳して添えた。著作権の侵害だが、これは、同様の手法でフォロワーを獲得しているファッションアイテム系のアカウントに倣ったものだ。文章を書くのが苦手な彼女にとって、雑誌の内容を転載するだけでいいというのは都合が良かった。

すると投稿から2日後には、40件以上の「いいね」がついていた。フォロワーも10

0人程度獲得することができた。Lはこれに味を占め、図書館でありとあらゆる女性誌の美容ページをスマホカメラで撮影し、それらを小分けにして1日2、3回ずつ投稿していった。アカウント運営を3週間ほど続けると、フォロワーは400人ほどに増えていた。

この頃になると、投稿からの注文がポツリポツリと入るようになっていた。「オペラ・リップティント」という名のリップが、彼女が最初に小紅書で転売した商品となる。

リサーチも販売もSNSで

アカウント開設から1ヶ月ほどを経て、フォロワーが500人を超えた時点で彼女は初めてのライブコマースを行った。80人ほどの視聴者から、オペラ・リップティントや美容液など約30点の注文が入った。

ライブコマースを始めた当初、彼女は深夜の通販番組のように、商品の魅力を誇張して伝える配信を心がけていた。大袈裟な言葉で商品を褒めちぎればちぎるほど、注文が入った。しかし、巧言を弄して得た注文は、キャンセルも多かった。配信を見た後に、注文者が冷静になってその商品に関するネット上のレビューなどを見て、購入をキャンセルセルするのだ。また、フォロワーの定着率の悪さも課題だった。配信時の大袈裟な言葉に乗せられて購入した視聴者は、実際に商品を使用し、期待以下のクオリティだと、配信者に裏切られた気持ちになってフォローを解除してしまうからである。実際、今のゆるゆるした配信スタイルに変えてから、注文後のキャンセルは半分に減り、フォロワー数も順調に伸び、アカウント開設から1年で4000人に達した。このアカウントだけで、月に15万円ほどの収入を得られている。

日本企業からのオファー

そんな彼女の元に、とあるPR会社から連絡が来た。内容は、ある日本のメーカーの美容マッサージ機を、小紅書のアカウントで販売してほしいというものだった。売上の3割が彼女に支払われるという条件だ。結果、彼女は合計3回の生配信で15点を売り上げ、約8万円を手にした。収入としてはたいしたことのない金額だ。しかし、転売ヤーとしてスタートして3年足らずで、正規メーカーから仕事の依頼を受けるようになったことに、彼女は一種の充足感を得た。

このように、実は日本企業もライブコマースを通した中国市場へのアプローチを活発化させている。そこで使われるのが中国のインフルエンサーだ。

例えば北海道土産の定番、「白い恋人」で知られる石屋製菓は、人流の停滞によって売れ行きが低迷していたパンデミックの中、中国でＫＯＬ（キー・オピニオン・リーダー）と呼ばれるインフルエンサーを用いたライブコマースを活発化させていた。

中国のライブコマース界の代表人物として知られるのが、李佳琦だ。２０１７年にいち早くライブコマースの配信者として活動をはじめた彼は、立板に水のようなセールストークと中性的なルックスで人気を博し、２０１８年には1万５０００本の口紅を5分で売ったことから「口紅王子」の愛称が付けられた。石屋製菓が中国でのライブコマースに起用したのも、李だ。２０２２年1月の配信では、1分30秒で白い恋人10万箱を即売し、その売り上げは1億円に達している。

彼は最盛期にはアリババの通販サイト淘宝で、８０００万人近いフォロワーを擁し、年収30億円を誇ったといわれている。ところが２０２３年9月に「アイブロウペンシルの値段が高すぎる」とコメントした視聴者に対し「努力が足りない」という趣旨の反論を行ったことが批判され、炎上。ライブコマース配信者としての地位には翳りも見え始めている。

一人のインフルエンサーが消えれば、その椅子に別のインフルエンサーが座るだけ。志願者はひきもきらないのだから。美容マッサージ機の仕事を受けたことをきっかけに、Lは、単なる転売ヤーから脱皮して在日ＫＯＬというポジションを目指すようになった。彼女は間も無く不動産会社を辞め、法人を設立して小紅書ビジネスに専念するつもりだ。

第8章　バザー行脚で転売品を掘り出せ
――転売ヤーSくんのその後2

モラトリアムから転売の世界へ

２０２１年の夏に起きた第5波の感染拡大期を過ぎると、次の第6波までの3ヶ月ほど、コロナ禍はいったんの小康状態に入った。これにより、客足も通常に戻りつつあったバイト先の飲食店から、Ｓは勤務を再開してほしいと何度も頼まれていた。しかし、転売ヤーとしての収益を時給換算すると、もはや時給１０００円ちょっとのアルバイトをする気にはなれなかった。

重要なのは、何を転売するか、である。需要と供給のバランスの隙間こそが狙い目だ。Ｓも漠然とそこまでは理解していた。

かといって、ＰＳ５のゲリラ販売のような購入イベントは、情報収集能力やマンパワーの面で、組織的転売ヤーに太刀打ちできない。行列に長時間並ばなければ入手できない希少品も、ひとりで手がけるには効率が悪い。

思案を巡らすばかりで、ひと冬が過ぎ去った。新学期を迎え、対面授業が全面再開されたキャンパスには、約2年ぶりの活気が戻っていた。

振り返れば、思い描いた学生生活を送れたのは1年次だけであった。といっても、勉学やサークル活動に打ち込んだわけでもない。毎日、深夜まで飲食店でのアルバイトに精を出し、翌日の1限に寝坊して遅刻することもしばしばだった。

地方から出てきて一人暮らしとはいえ、特に苦学生というわけではない彼がそこまでアルバイトに打ち込んだのは、旅行資金を作るためだった。カメラが趣味で、高校生のときから「大学生になったら各国を旅行し、思う存分写真を撮りたい」と願っていたのである。

その夢は叶い、1年生の夏休みと冬休みにはそれぞれ東南アジアを放浪。2年に進級する前の春休みには、インドを周遊する予定だった。そのタイミングでちょうどパンデミックに見舞われ、計画はあえなく中止。その後は、授業もアルバイトもままならなくなり、孤独な時間だけが増えた。

パンデミックは彼の将来にも少なくない影響を及ぼしたともいえる。「旅行会社に就職して旅行プランナーとして働きたい」と漠然と思っていた。しかし、多くの学生が就職活動をスタートさせる3年次の前期に彼は特に行動を起こさなかった。旅行業界がコロナ禍の3年間で受けた傷は癒えきっておらず、新卒採用状況が芳しくなかったことも一つの理由だ。

このまま就職してしまっていいのか、というためらいの気持ちもあった。Sは、少年時代に芽生えた世界放浪への憧れに、学生時代の4年間でケリをつけるつもりだった。つまり、学生のうちにできるだけ海外旅行に出かけ、その後はおとなしく会社員として生きていこうというわけだ。しかし、100年に一度とも言われるパンデミックのせいで、その目論見は頓挫してしまった。旅行会社に就職すれば海外出張には行けるかもしれない。けれども、各地を気ままに放浪するような旅行は2度とできないのでは、と思ったのだ。

そんな逡巡のなか、ひょんなことから片足を突っ込んだのが、転売ビジネスだった。

「これを職業にすれば好きな時に旅行に行けるのではないか」

そんな考えが、頭に浮かぶようになる。

バザーという鉱脈

ある日、キャンパスを歩いていると、Ｓは見覚えのある光景に出くわした。大学のボランティアサークルが主催する、青空チャリティバザーだ。電気ポットから漫画本、地方の土産屋で売っていそうな猿の置物……。キャンパス内の目抜き通りの片隅に敷かれたビニールシートの上に、それらが雑然と並べられている。

彼は入学直後、このチャリティバザーで、同じようにビニールシートの上に雑然と置かれていたカメラの交換用レンズを購入したことがある。30年以上前に生産終了している古びたもので、１０００円と書かれた値札を見たＳは、その場でメルカリのアプリをスマホで開いた。すると、過去に４０００円前後の価格で取引されていることがわかったのだ。特に欲しいレンズではなかったが、割安感から衝動買いしてみた。

自宅に持ち帰ってそのレンズに対応する一眼レフカメラに装着してみたところ、傷やカビなどのない、状態の良いものであることがわかった。しかし、すでに同種のレンズを持っていた彼は、年季の入ったこのレンズを持て余す。そこで、メルカリで売却することを決めた。

相場にならって送料込みで4000円で出品してみたところ、すぐに購入希望者からメッセージが来た。値下げ要求だ。数回のメッセージのやり取りによる交渉ののち、結局3500円で手放すことにした。バザーでの購入価格は1000円だったため、手数料や送料を引いても1500円以上の儲けである。

思い返せば、これが彼にとっての最初の転売だったのだ。ただ、バザーで中古レンズを購入したことと、中古レンズを売却したことが別々に記憶されていたため、転売の経験として認識していなかった。

なぜあのレンズは相場より格段に安い値段で売り出されていたのだろう。Sは自分なりに考えてみた。

そもそも、バザーの出品物は基本的に拠出を呼びかけて集めた不用品だ。主催者はそのひとつひとつに値付けをしていく。原価がゼロなので、いくらで売っても損することはない。とはいえ、バザーの主催者は、出品物を販売して得た収入を活動資金に当てたり、寄付したりする。そういった意味では、買い手がつく最も高い値付けをしたいはずである。Sが中古レンズの購入前に確認したように、フリマサイトの価格を参考にすることだろう。

1つだけ、フリマサイトとバザーでは勝手が違う点がある。それはバザーには時間の制限があるということだ。数日程度の開催期間中に、できるだけ商品を売り切りたい。それがバザー主催者の本音だろう。もちろん数点の売れ残りは、バザー終了後にフリマサイトなどで売ることも可能だ。しかし、出品や発送を誰がやるか、商品の保管場所はどうするか、有志によって運営される非営利団体にとってはなかなか煩雑な問題だ。

そうした事情から、一部の物品に関しては、チャリティバザーとフリマサイトの相場に、乖離が発生するのではないだろうか。

とすれば、バザーで仕入れた物品をフリマアプリで転売するというスキームは有効に思える……。

目前のチャリティバザーはこの日が最終日だったようで、転売できそうな商品はすでに残っていない。そこで、スマホで検索してみたところ、チャリティバザーやコミュニティバザーの類は、春から秋にかけて至るところで開催されていることが分かった。

売れ筋商品はスポーツ用品とキャンプ用品

それから、Sは毎週末のようにバザーに出かけるようになる。当初は、登山靴やバックパックなどのアウトドアグッズから、子供のおもちゃ、キッチン用品、衣料品まで、ジャンルは問わなかった。現場でめぼしい出品物があれば、その場でフリマアプリを開いて相場を確認し、利幅が取れそうなものは、電車で持ち帰れる限り購入していった。

一方で、フリマサイトで過去に取引履歴のないようなものや、そもそも商品名が不明で検索しようのないもの、真贋の判別がつかない骨董品や美術品、素人目には状態が確認しにくい楽器などは避けた。

バザー通いを2ヶ月ほど続けてわかったことがいくつかある。

まず、高齢者世帯が多いエリアでは、骨董品や美術品の出品物が多く、わざわざ出掛けても収穫ゼロで終わることもあった。Sが多少は目利きができるカメラ関連の品も出品されていることが多かったが、それを考慮しても、成果はあまり期待できなかった。

逆に若年世帯が多いエリアでは、スポーツ用品やキャンプ用品など、状態の良いものが多数出品されていた。若い世代は、趣味やライフスタイルの変化が激しいため、不用品になる所有物も多いからだろうとSは分析した。

S独自のエリア分析に当てはまらないのが、教会が主催するチャリティバザーだった。

どんなエリアで開催されているかにかかわらず、編み物や石鹸など信徒らが手作りしたと思われる商品がメインで、金目の代物は少なかった。

Sはフリーマーケットにも出かけたことがある。バザーは主催者が提供を受けた不用品をまとめて出品・販売するのに対し、フリーマーケットは複数の出店者が自身の出品物をそれぞれで販売するのが基本である。中古品の青空市という点では似ているが、フリーマーケットの出店者は営利性が強いことも多く、転売向きの掘り出し物は見つけにくかった。

Sは、こうした自分なりの分析をもとに、買い付けに赴くバザーを選ぶようになっていった。

各地で買い集めた商品は、その日のうちに自宅で撮影し、メルカリにせっせと出品した。スポーツ用品やキャンプ用品、衣料品などは、状態さえ良ければ売れ行きが良く、出品した数時間後に購入されることもあった。対照的に、子供のおもちゃ、鍋や包丁などのキッチンウェアは、なかなか購入者がつかないことも多く、時には大幅に値下げをして在庫処分を行なった。そうでもしなければ、彼の7畳ほどのワンルームの部屋が、モノで溢れてしまうのだ。

売れ筋商品の傾向が摑めてからは、バザーでの買い付けの際に、短時間で売れそうな品物を集中して狙うようにした。

大学が夏休みに入ると、Sはさらに精力的にバザー転売に勤む。毎週末に4、5件のバザーをめぐった9月には、過去最高の11万6000円が利益として手元に残った。時給に換算すると、クリスマス転売よりは3割ほど低い。それでも自ら発案したやり方が通用していることに、充足感を覚えていた。

タワマンバザー入手品で偽物トラブル

そんなSに10月、絶好と思える機会が巡ってきた。

ここ数年で相次いで建てられたタワーマンションが林立する都内某所で、バザーが行われるというのだ。若い子育て世帯の割合が高いうえに、不用品を溜め込んで置くスペースに余裕のない集合住宅ばかりというそのエリアで行われるバザーは、Sのランク付けによると「Aクラス」。タワマンには1億円を下らない部屋も少なくない。天空で暮らす富裕層たちは、フリマアプリで高額がつくような品物であっても、気前よくバザーに拠出するに違いない。

現地に足を運び、Sは自分の読みが間違っていなかったと確信する。出品物は、アウトドアグッズや衣料品など、子育て世帯密集エリアの典型だった。目を見張ったのはそのグレードである。登山用のトレッキングポールから、キャンプで使う焚き火用具など、中古市場でも人気の高い一流ブランド品が出品されている。しかも、フリマサイトの過去の取引価格の5分の1ほどと、相場と乖離した値付けがされている物も目についた。

そんななか、これまであまり扱ったことのない商品が、彼の目を奪う。あるデザイナーズブランドの女性物の財布とカバンが、それぞれ4000円と6500円という手頃な価格で出品されていたのだ。どちらも若干の使用感はあるものの、なかなかの上玉だ。

スマホで検索したところ、定価はそれぞれ約3万円と約5万5000円。フリマサイトを見ても、状態の良いものは定価の6~7割程度の金額で取引されていることがわかった。

「さすが金持ちエリアは違うなぁ」

Sは心の中でそう呟くと、この財布とカバンのほか、トレッキングポールや携帯用ガスバーナー、子供用のスニーカーの計5点、締めて2万2000円分を購入した。

いつものように帰宅してすぐに写真を撮り、フリマサイトに出品すると、1週間以内にすべて買い手がついた。Ｓはすぐさま発送の手配をした。

ところがである。財布の購入者から、受け取り評価前にこんなメッセージが届いたのだ。

「購入させていただきました商品を正規店に持ち込んで見てもらったところ、偽物であることがわかりました。至急返品させてください」

全く想定外の内容だ。しかし、考えてみればＳも真贋の確認はしていない。

手元に残っているのは、出品用に撮影した数枚の写真のみ。その写真とネットで見つけた正規品の写真を比べてみても、特に不審なところはないように思える。正規店に持ち込んだというのは虚偽で、ただの言いがかりの可能性もある……。

なんと返事をすべきか、数時間悩んでいると、畳み掛けるように再度メッセージが届いた。

「お返事をいただけないようでしたら、警察に被害届を出させていただきます」

そこまで言われれば、もう返事は一つしかなかった。

「申し訳ございません。ご返送いただければすぐに返金させていただきます」

その後、返送されてきた品物を、Ｓはリサイクルショップに持ち込んだ。品物の真贋を知りたかったし、値段次第ではそのまま売ってしまおうと考えたからだ。しかし、その財布を手に取った店員は、すぐにこう言った。

「こちらは……。そうですねぇ、当社の規定では、お取引できないお品物とお伝えするしかありません」

「偽物ってことですか？」

そう尋ねるSに、店員は「こちらでは真贋の鑑定をすることはできませんので」と言葉を濁すばかりだったが、偽物と認定されたことは明白だった。

リサイクルショップを後にしたSは、改めて財布に目を這わせてみた。すると、内側に付けられているタグに書かれている日本語のフォントが、少し不自然に思えた。

この財布を購入したバザーの主催者に返品と返金を要求しようにも、バザーはすでに終了している。開催場所の管理者に連絡するといった方法もあるが、Sの手元にはレシートもなければ真贋鑑定書もない。警察に被害届を出すというのも一つの手かもしれないが、4000円の返金を受けるために、そこまで面倒なことをする気も起きなかった。

何より気になったのは財布とともに購入したカバンのことである。財布と同じブランドで、並べて陳列されていたことを考えると、おそらく出品者も同じだろう。とすればカバンも偽物である可能性が高い。そちらの購入者からは、すでに「良い」の受け取り評価を受けており、偽物だったという報告も届いていなかった。しかし、被害届を出せば、カバンの真贋についても警察は調べることになるだろう。偽物だった場合、購入者への返金を迫られるはずだ……。

Ｓは「波風を立てるのはやめよう」と心に決めた。もちろん購入者からクレームが入れば、すぐに返金対応をするつもりだ。ただ現時点では、カバンは偽物だったと確定したわけではないし、確認する方法もない。「俺は善意の第三者だ」と自分に言い聞かせた。

一方で、「勝ち組」が住まうタワマン街のバザーで偽物をつかまされた皮肉に、苦笑いが込み上げていた。金持ちたちの虚飾の一端を垣間見た気分だった。

ライバルが出現

現在、Ｓはバザー転売を行っていない。

偽物トラブルに巻き込まれたことがきっかけではない。バザーでめぼしい代物に出会えなくなったのだ。

冬になってオフシーズンとなったバザーは、翌年の2023年3月に入るとまた各地で開催されるようになった。しかし前年と比べ、利鞘が取れそうな掘り出し物が明らかに減っていたのだ。

もしかしたら、2022年がバザーの「当たり年」だったのかもしれない。コロナ禍の2年ほどの間、バザーが開催されていなかったことや、ステイホームで住環境を見直す動きの中で不用品を処分する人が増えたことで、出品物が稀に見る「豊作」だったと考えることもできる。

また、ライバルも増えた気がした。自分と同様に、スマホの画面を覗き込み、フリマアプリで相場を調べながら、雑多なジャンルの商品を複数点購入していく人や、ホロ付きの軽トラックで乗り付け、自転車やサーフボードなどの大物も含めた多数の商品を持ち帰る人物を目撃したこともあったという。

Sは、バザー転売以外にも同時並行で試行錯誤を重ねていた。そして幸運にも、そのいくつかが軌道に乗りつつあった。

第9章　格安スマホ転売ブーム

――法改正と転売ヤーたちのいたちごっこ

カウンターを陣取る外国人グループ

　2021年4月中旬、西新宿の某家電量販店の隅にある携帯電話売り場で、男性店員と男女4人のグループがカウンターを挟んで向かい合っていた。

　そのうちの1人のミニスカート姿の女性に対し、男性店員は説明事項を事務的な調子で読み上げている。その内容は俯きがちな女性の耳にはあまり入っていない様子だった。

　説明が終わると、グループ唯一の男性が、彼女に何やら指示を出す。すると女性はカバンの中から外国人在留カードを取り出し、店員に差し出した。そして男性店員からショップバッグを2袋受け取り、後ろに立っていた別の女性と席を交替した。男性店員は、先ほどと同じ説明事項を、新たに座ったその女性に向かって読み上げ始める。

彼らの足元には、同じくらいの大きさのビニール製のショップバッグが大量に置かれていた。印字されているロゴは、今いる家電量販店とは別のものだ。彼らはこの店に入店する前、ここから徒歩3分の場所にある別の家電量販店に立ち寄っており、同じような手順で複数のショップバッグを入手していたのだ。

こうして、3人の女性がそれぞれ2袋ずつのショップバッグを受け取ると、彼らはその場を後にした。両手に4、5袋のショップバッグを提げて歩く姿は、3回目の緊急事態宣言が発出される直前の平日の昼間、客もまばらだった店内ではかなり目立っていた。間違いない。彼らはスマホ転売ヤーだ。

転売日雇いバイトに応募

2021年春頃になると、家電量販店の携帯電話売り場に、彼らのような転売ヤーが多数出没していた。

「今はスマホ業界で顧客の獲得合戦が激しくなっていて、各社とも本体価格の実質的な値引きとなるような特典を充実させている。そうした特典を利用して安く手に入れたスマホを、携帯買い取り専門店やメルカリなどで転売すれば、初期費用や最低契約期間の基本料金、解約手数料などを差し引いても、一台につき、少なくとも数千円の利益が得られますから。転売ヤーが湧くのも無理はないですよ」

筆者にそう語ったのは、とある家電量販店の男性店員だ。その頃、筆者はスマホ転売ヤーの実態を取材するべく、家電量販店に足繁く通っていた。顔見知りとなった彼から、転売ヤーの動向について情報提供を受けていたのである。彼はこうも明かしていた。

「今、日本人の転売ヤーと同じくらい来店しているのが、ベトナム人の転売ヤーです。日本人は単独かせいぜい２人連れですが、ベトナム人は４、５人のグループで来店して、全員が複数台契約していく。彼らが来ると在庫が一気に空になります。うちとしては、契約件数を稼げるのでありがたいですけど」

この話を聞いた筆者は、旧知のベトナム人男性、ズン君（仮名）の協力を得て、在日ベトナム人が集うFacebookコミュニティを巡回してもらった。転売行為が行われているとすれば、ＳＮＳ上で人員募集の告知がされているはず、と踏んだのだ。

読みは当たっていた。ズン君はすぐに、「携帯電話契約バイト」「日当１万円」などといったキーワードが含まれた、転売業者のものと思われる投稿を見つけてくれたのだ。

それらに対しズン君に、バイト希望者に扮して応募してもらった。5つのアカウントにメールを送信したところ、うち3つから返信があった。共通点は3つ。

「新宿駅西口集合・解散」

「外国人在留カード必須」

「参加条件は携帯電話やインターネット回線の利用料金を滞納していないこと」

ズン君は実際にひとつの業者に日雇いバイトとして採用された。日当は1万5000円という。

バイト当日、指定の場所だった新宿駅西口の喫煙所前に筆者は張り込んだ。

まず女性3人が別々にやって来たのち、少し遅れて男性が現れた。男性はズン君が来ていないことを気にするようなそぶりをしていたが、5分ほど待った後、見切りをつけたのか、女性たちを一軒目の家電量販店へと誘導していった。その跡をつけた筆者が目にしたのが、冒頭の一幕である。

彼らはさらに、付近にある別の家電量販店に移動し、同様に「仕事」を済ませた。その後、彼らは、歩いて10分ほどの、新大久保エリアにある5階建ての雑居ビルに入り、階段を駆け上がって行った。突き出した看板から、いくつかの飲食店が入っているビルだと窺える。昼食を取るつもりなのだろうか。筆者も階段を上がってみたが、コロナ真っ只中ということもあり、営業している飲食店はなく、彼らを見失ってしまった。

筆者がビルの外へ出て待っていると、5分ほどして彼らは階段を1階へと降りてきた。いや、男性の姿はない。

女性たちが両手にぶら下げていたショップバッグもなくなっている。彼女たちはその後、新宿駅東口へと向かう道の途中で解散し、それぞれ別の方へと歩いて行った。

拘束時間2時間たらずで1万5000円をもらえるなら、〝割りのいいバイト〟だ。もちろん、自分の名義を他人に貸すというリスクと違法性があるが。

筆者は再び、雑居ビルに戻ってみた。先程は気づかなかったが、ビルの一角にベトナム料理店が入居している。営業はしていないが、扉の向こうからは人の気配が感じられた。ここがベトナム人転売ヤーの拠点となっているのだろうか。

筆者は3ヶ月後、3度目の緊急事態宣言が明けた後にこの料理店を利用した。料理のレベルは高く、価格も手頃な良い店だったが、会計時、レジの脇に大量に新品のスマホの箱が積まれているのが目に入った。そしてレジを打つ男性はまぎれもなく、3ヶ月前に家電量販店で女性たちを率いていた彼であった。

2000年代格安スマホ

新規顧客獲得のための値引きスマホをターゲットにした、転売ヤーの活動が活発になったのは、この時が初めてではない。値引きスマホを対象とした第一次転売ブームがあったのは2000年代中頃だった。

各キャリアはガラケー時代から、回線契約と同時に販売する端末に対し、大幅な値引き販売を行っていた。しかし、当時は自社の回線でしか端末を利用できないようにする「SIMロック」や、いわゆる「2年縛り」など、早期解約に対して高額なペナルティを課していた。これによって各キャリアは利用者をガッチリと囲い込んでいた。

スマホが急拡大期に入った2010年以降、こうしたスマホの大幅値引き販売は勢いを増し、各キャリアの代理店のスマホ陳列台には、「実質1円」などの文言が躍る。

しかし、2015~2016年あたりになると、「SIMロック」や高額な解約金は公正な市場を阻害するとして政府から是正を求められるようになり、廃止へと向かうことになった。

そこに目をつけたのが転売ヤーである。回線契約との同時購入によって格安で入手したスマホを、回線は解約したうえで転売するのだ。スマホが高額化し始めたタイミングだったことも好都合だった。回線契約時にはタダ同然でスマホを手に入れられても、機種変更時には、ほぼ定価で買わなければならない。利用者にとって大きな負担となっており、より安価な中古品や転売品への注目も高まっていた。自身や動員した契約要員の名義で、大量に値引きスマホを購入し、フリマサイトなどで転売して利鞘を稼ぐ行為が以前に増して活発になったのだ。

特典合戦の激化に乗っかる転売ヤー

政府の方針によって始まったスマホ転売ブームが収束に向かうこととなったのも、やはり政府の方針がきっかけだった。

2019年、電気通信事業法の改正を機に、回線契約を条件としたスマホ端末の値引き額に、税込2万2000円という上限が課されることとなった。それまでは5万円ほどのスマホでも回線契約とセットであればタダ同然で仕入れることが可能だったが、この上限設定により最低でも2万8000円は支払わなければならなくなったのだ。利鞘が減ることになったスマホ転売は一旦、落ち着きを見せ始める。

ところがそれから2年しないうちに、再びスマホ転売が活発化し始めた。引き金となったのは、2020年に発足した菅義偉政権下で行われた携帯電話料金の引き下げだ。2021年2月には政府の要請に応じ、NTTドコモが従来の半額以下となる新料金プラン「ahamo」を発表すると、次いでソフトバンクとKDDIも「LINEMO」、「povo」という類似の格安プランを打ち出した。

その成果は国民からは評価されたが、携帯電話事業者は苦境に立たされる。特に影響が大きかったのは、安価にサービスを提供していた格安携帯会社だった。

正式には仮想移動体通信事業者（MVNO）と呼ばれる各社は、無線通信回線網の開設や運用を行わず、大手3社などが持つ回線網を借用し、自社ブランドでサービスを提供している。顧客対応をネットのみとすることなどによってコストカットを実現していた。

ところが、政府の要請による大手の新料金プランで、両者の価格差が縮まり、MVNO各社は危機を感じていた。そこで各社は新規契約に様々な特典を用意し、顧客を確保しようとしたのだ。大手3社も反撃攻勢に出たMVNOと同じ土俵に上がるかたちで、新規契約の特典合戦が激化していく。

そうしたなか、上限２万２０００円という値引き規制も、「回線契約を強制しない」という規制の抜け穴を掻い潜る手法を各社が取るようになったことで、形骸化していった。一旦は鳴りを潜めていた「１円スマホ」も復活した。ＭＮＰ（モバイルナンバーポータビリティー）制度、つまり、携帯電話番号はそのままに通信会社だけを変更することができるというシステムを利用した他社からの乗り換え契約に対して、端末代は実質タダにするうえに、家電量販店のポイント２万円分を付与するという施策まであった。

「こうした特典を目当てに、ＭＮＰによる乗り換えを繰り返す転売ヤーが増えています。ルール上は、契約から６ヶ月経てば、ＭＮＰで転出が可能です。６ヶ月おきにこうした特典を受け、ただ同然で入手した端末を転売すれば、小遣い稼ぎになる」（前出・男性店員）

そしてもうひとつ、転売行為を助長する新たな要因が加わったという。

「２０１９年以前、多くのＭＶＮＯでは、一名義で契約できる回線数は１つまでと制限していました。しかし、大手３社が値下げに踏み切ってからは、一名義あたり最大５回線まで開設できる事業者もある。複数の事業者と契約すれば、１人の名義で20回線以上持つことも可能です。それぞれ最低料金プランで契約をしたままにして乗り換えを繰り返せば、端末の転売代金はまとまった金額になります。格安携帯会社にとって、契約後すぐに解約されることは損失にしかなりませんが、今はユーザーのぶんどり合戦の真っ只中なので、身を切りながらもこうした施策を続けるしかないでしょう」（同）

この男性店員が働く店舗では、2021年に入り、スマホの一日当たりの契約件数が約3倍に増加したというが、「増加分の半分くらいは転売ヤーによる契約だと思います」と話す。

「日本人の転売ヤーがMNP目当てなのと違い、ベトナム人グループは新規契約がメイン。繰り返し来店している指南役のようなひとりが、どこからか連れて来た3、4人の名義で契約をさせていくんですが、1グループで30回線以上契約していくこともある。新規契約はMNPに比べて特典が手厚くないことが多いですが、それでも30台すべて転売すれば、十数万円の儲けがあるでしょうね」

ベトナム人の携帯は裏社会へ

スマホ業界の端末と回線の投げ売り状態は、裏社会にとっても都合が良かった。

そう話していたのは、都内を拠点に活動する「道具屋」の宮野氏（仮名）だ。「道具屋」とは、他人名義の携帯電話や銀行口座を調達し、犯罪組織に売り渡すことを生業《なりわい》とする人々だ。

「音声通話機能付きのＳＩＭカードは、オレオレ詐欺や薬物売買、裏風俗なんかの業界に、一枚あたり2～3万円で売れる。以前は、仕入れ値も1万円以上していたけど、スマホ転売が盛んになって携帯番号も大量に発番されているので、８０００～９０００円で仕入れられるようになったから、利幅が広がったよ」

宮野氏によれば、闇市場で流通していた、「飛ばしＳＩＭ」の名義の半分近くが、ベトナム人だったという。

「暴排条例のせいで、スマホを契約できなくなった日本のヤクザも、ベトナム人名義のスマホを使っていることが多いよ。日本人のスマホ転売ヤーの多くは、半年ごとにＭＮＰで乗り換え特典を受けるためにスマホ番号を温存する。でもスマホ転売に名前を貸しているベトナム人は、帰国寸前の人が多いために、それができない。だからベトナム系の転売業者は、端末はスマホ転売市場に、ＳＩＭカードは我々のような日本人の道具屋に売却するか、同胞の不法滞在者のネットワークで売り捌く。今（２０２1年時点）は、ベトナム人の留学生や技能実習生がコロナで帰国便が運休してしまったせいで帰国困難者として滞留しているが、働き口も少なくて、生活費にもコト欠いているヤツらも多い。だから、ベトナム系の転売ヤーにとっては契約名義人を探すのは楽だろうね。名義を貸す人も、帰国後に自分名義の電話番号がどう使われようが、知ったこっちゃないだろうしね」

筆者は宮野氏に、新大久保のベトナム料理店のことを話した。すると彼はこういった。

「ああ、グエンさん（仮名）のところだろ。うちの取引先のひとつだよ」

第10章　クレジットカード・電子マネー
――不正利用が転売の原資に

クレジットカード不正利用が資金源に

世に出回る転売品は基本的に、定価より高値で取引される。定価に利鞘を載せて転売しなければビジネスとして意味がない。行列に並んだり抽選に応募したりしてくれる協力者への報酬も支払わなければならないのだから当たり前だ。

しかし、中には例外も存在する。

「新幹線　打折票」

在日中国人が集うWeChat（ウィーチャット）上のコミュニティには、そんな文言が多数投稿されている。打折票とは割引チケットという意味。つまり新幹線の乗車券の格安販売をうたっているのだ。

その割引率は、大黒屋などの金券ショップには到底真似のできないレベルである。ある投稿者は、東京―新大阪の新幹線のチケットを8000円で売り出していた。同区間の自由席特急券と乗車券の価格の合計は1万3870円であることを考えると、4割以上も安い計算となる。また、別の投稿者による「どの区間も40～60％で販売」という書き込みもあった。

こうした新幹線チケットの破格販売は、筆者が知る限り、中国のSNS上で5年以上前から行われていた。

これだけ安ければ、中国人でなくても利用したくなる人も多いだろう。しかし、なぜ彼らは、これほど安価に新幹線乗車券を提供できるのだろうか。そのカラクリについては、長らくある憶測が飛び交っていた。「他人のクレジットカードを不正利用することによって購入された乗車券ではないか」というものだ。

その憶測が〝事実認定〟されたのは、2023年11月のことである。大阪府警が、新幹線の乗車券を不正入手したとして中国籍の男ら5人を窃盗などの疑いで逮捕、送検した事件がきっかけだ。男らは同年2月下旬から4月の間に、335人分の他人のクレジットカード情報を悪用し、新幹線の乗車券や特急券など、およそ1万4000枚を取得していたという。

これらのクレジットカード情報は、偽サイトに誘導して言葉巧みに個人情報をだまし取るフィッシング詐欺の手口で不正に取得されたものだった。

当時の報道では、発券されたチケットの一部は、大阪市内の金券ショップで換金していたとされている。しかし、買取金額が1万円以上になる場合は、身分証による本人確認が行われることがほとんどであることを踏まえると、ネット上で転売されたものも少なくないと考えられる。

この事件について、不正購入が行われた予約サイトのひとつ、「e5489（イーゴヨヤク）」を運営するJR西日本に見解を尋ねたところ、対策の難しさを滲ませた。

「弊社としてはインターネット上のオークション等への流通・出品経路等、その実態を把握しかねており、また、乗車券類は無記名で使用開始前は譲渡性のある有価証券のため、転売行為自体の差し止めが難しい状況。ただし、明らかに違法性が高いと思われるものは、警察と連携し、発売駅の特定や、発売履歴の調査等の対策をとっています」

前述の不正購入事件が報じられると、中国のSNSでの新幹線チケットの破格転売は一時的に鳴りをひそめた。転売業者の多くが及び腰になったとも考えられる。しかし、その後ほとぼりが冷めると、すぐに彼らの営業活動は復活している。

破格販売業者とSNSで接触

2023年12月、筆者は新幹線乗車券の破格販売を持ち掛けるウィーチャットの投稿のひとつに、購入希望者を装って中国語でメッセージを送ってみた。すると15分とたたないうちに返信が来た。

「ウィーチャットペイかPayPayで決済すれば、駅での切符の受け取りに必要なQRコードとパスワードを24時間以内に送信する。何枚必要か?」

相手の歓心を買うため、継続的な取引をする意向をちらつかせることにした。

「うちの会社では複数の社員が頻繁に大阪に出張に行くので、毎月20枚ほど用意してもらいたい」

これに「東京―新大阪は9000円だ。まとめて購入するなら割引も可能」と相手が乗ってきたところで、さらに尋ねてみた。

「価格がずいぶん安いが、どのようにして手に入れたチケットなのか?」

しかし相手の口は堅かった。

「それは企業秘密だ。特別なルートを使って合法的に手に入れたものだ」

続いて、「ちゃんと使えるのか?」「使用する上の特別な制約やリスクはないのか」と質問してみた。これには、「正規の自由席乗車券と同じ。発券時には1ヶ月先が乗車日として指定されてあるが、それ以前の乗車日に一回変更可能」と返答があった。

筆者が相手の正体に近づくため、対面での商談を提案してみると、「我々の拠点は中国なので、会うことはできない」と突っぱねられた。

筆者はその後、他の新幹線チケット転売ヤーたちともメッセージのやり取りをしてみたが、内容はほぼ同じで、対面の場に誘い出すことは叶わなかった。

商品の購入から転売相手への引き渡しまで、すべてオンラインで完了することができる新幹線チケット転売は、フィッシング詐欺の現金化手段としてはたしかにうってつけだ。そもそも転売グループらの拠点が実際に中国国内にあるとすれば、彼らにとって逮捕のリスクはほとんどない。チケット購入の際にJRのサイトに残されたIPアドレスを日本の警察が辿ろうとしても、そこには国境という大きな壁が立ちはだかるはずだ。

電子マネーから抜き取った金を加熱式たばこに

日本クレジット協会の統計によれば、2023年のクレジットカードの不正利用による被害額は540億円を超えており、過去最悪となっている。2020年と比べると2倍以上の被害額だ。その背景には、コロナ禍でオンラインショッピングの利用機会が増えたことが挙げられる。

クレジットカード以外にも、他人名義のキャッシュレス決済で購入された商品が転売されて現金化される例はある。

2023年9月、大阪府警は、他人名義の電子マネーを不正利用したとして、中国籍の男女3人を詐欺容疑で逮捕・送検した。彼らは2022年4月からの約1年間、フィッシング詐欺の手口でアカウントを乗っ取った他人のauペイやクイックペイを大阪市内のコンビニなどでの支払いに約2000回利用し、総額6000万円以上を決済していた。

こうした不正利用によって購入していたのは、もっぱら加熱式たばこだった。彼らのうちの一人は、1日に4000箱もの加熱式たばこを購入することもあり、のちの取り調べで中国向けに転売する目的だったことを明かしている。

また2023年5月には、他人名義の「メルペイ」（メルカリの電子決済サービス）を不正利用したとして、都内在住の30歳の中国籍の男が、神奈川県警をはじめとする合同捜査本部に不正アクセス禁止法違反の容疑で逮捕されている。男は、2021年12月から22年1月に、あらかじめ入手したメールアドレスやパスワードを使い、12人のメルカリアカウントに不正接続していた。男の関係先から押収されたパソコンには、約290万件のIDやパスワード、約1億件のメールアドレスが保存されていたという（この件についてメルカリに取材したところ「個別の事件等については、本件に関わらずコメントは差し控えさせていただいております」とのことだった）。

実はこの男、中国に拠点を置くフィッシング詐欺グループの中心人物のひとりだった。同グループは、日本国内でいわゆる闇バイトを募集し、不正利用の実行役とさせており、22年6月以降、中国籍の男女13人が逮捕されていた。

彼らが乗っ取ったメルペイで購入していたのも、やはり加熱式たばこだった。一店舗であまりにも大量に購入すると怪しまれるためだろう、深夜帯に複数のコンビニをまわり、1カートン5800円ほどのカートリッジをメルペイで10点前後ずつ購入していたようだ。こうした「買いまわり」で約60万円分を購入することを条件に、彼ら実行役は報酬として2、3万円を受け取っていたという。

少し遡ると2019年にも、セブンペイの約900人分のアカウントが乗っ取られ、5000万円を超える被害が出た事件や、他人名義のTポイントおよそ400万円分を不正利用した事件が起きている。不正利用によって購入された物品の多くはやはり加熱式たばこだった。

値崩れが起きた中国たばこ転売市場

なぜ、彼らは加熱式たばこにこだわるのだろうか。貿易会社を経営する在日中国人の馬氏（仮名）が明かす。

「中国では、海外ブランドの加熱式たばこの販売や流通が規制されていて、コンビニなどの実店舗で買えるのは国産ブランドのみ。ただ、ネットやSNSで非正規に売られている海外の加熱式たばこを好む愛煙家も多いのです。特に人気なのはフィリップ・モリス社のIQOSやJTのプルームX。うちはここに目をつけ、2017年に日本から中国に並行輸出するビジネスを始めました」

彼は、小売価格の10%引きの仕入れ値で買い付けることができるよう、たばこの販売許可を持つ事業者を買収。さらに、小紅書とウィーチャットに加熱式たばこの情報を発信するアカウントを開設し、フォロワーに向けて販売を始めた。

多くの国々と同様、中国にたばこ類を輸入する際には高額な関税がかかる。そのため、馬氏は他の貨物に紛れ込ませて密輸することで、課税を避けていたという。

「2017年当時は、IQOSのヒートスティックはマールボロ一箱460円だったが、中国に持ち込めばほぼ倍の900円ほどで売れた。同業者が少なかったこともあり、2019年は6000万円ほどの利益が残りました」（馬氏）

しかし、2020年に始まったコロナ禍で物流が混乱し、それまで利用していた密輸ルートが使えなくなったため、一時的に頓挫した。2021年の春頃には新たなルートを確保して輸出と販売を再開したが、事情はまるで異なっていたという。

「その時にはマールボロのヒートスティックは550円に値上がりしていたのですが、中国で売られている並行輸入品の相場は逆に800円ほどに下落していた。コロナ前と比べると、需要はほぼ同じでも参入業者が数倍以上に増えており、値崩れが起きていたのです。さらに2021年10月には日本での定価は580円に値上げされた一方、中国での相場は変わりませんでした。これでは送料などを含めると、どうそろばんを弾いても、利益が出ないどころか原価割れです。ビジネスとして成り立たせるには、最低でも

900円ほどで売る必要があるが、それだと買い手はつかなかった。もはや弊社が加熱式たばこのビジネスを継続する意味はありませんでした」

撤退を決めた後も、なぜ他の業者が原価割れの転売を継続しているのか、彼の中で引っかかり続けた。そこで従業員に指示してその謎の調査に当たらせてみたという。

「模造品の可能性もあると思い、中国のSNSで日本製の加熱式たばこを販売するいくつかの業者から注文しましたが、いずれもホンモノだった。ただ気になることがあった。同じ銘柄を5箱ずつ購入したのですが、パッケージに刻印されたシリアルコードを見ると、1ヶ月くらい違う製造日の商品が混在していたり、すべての製造日が違っていたりする場合もあった。弊社のように、販売業者としてJTから直接仕入れている場合、同じロットには基本的に同一の製造年月日のものが梱包されているので、複数の店舗で購入したものを混ぜて売っていると考えるほうが自然。ただそうなれば、市販の価格で仕入れていることになり、相場で販売すればますます赤字になるはず」

こうした状況から導き出されたのは「合法的に仕入れられたものではない」という推定だった。

「最初に疑ったのは、横流し品か盗難品ではないかということです。しかしJTの流通管理は厳格なので本格的な横流しは起きようがない。大規模なたばこの盗難事件も報じられていない。となると一番可能性があるのは、電子決済の不正利用によって仕入れられた商品であるということ。他人の財布で仕入れをするんだから原価ゼロ。値崩れが起きようが痛くもかゆくもない」（馬氏）

その場合、数ある転売商材の中で、フィッシング詐欺集団はなぜ加熱式たばこを現金化の手段として選ぶのか。

「電子決済で購入できる商材のなかでは、加熱式たばこは現金化が容易。嗜好品というのは、一度顧客を捕まえるとリピーターとなって同じ銘柄を反復的に購入してくれるので、何をどの程度仕入れればいいか予想がついて在庫管理も楽です。それに何より、犯罪絡みの商品を売る場合、常に新規顧客を開拓しなければならない商品より、目立たずに継続的なビジネスができるので、好都合なのでしょう」（同）

下心に付け込まれて

転売市場に流れている犯罪取得物は、電子決済の不正利用によるもの以外にもある。

２０２１年秋、都内でＯＡ機器販売会社を家族経営する赤城氏（仮名）は、見知らぬ人物から突然届いた封書の中身を見て愕然とした。「通知書」と題されたその書類は、赤城氏の会社と取引のあるIT企業、X社の代理人を名乗る弁護士事務所から送られてきたもので、X社が破産手続きに入ったことを知らせるものだった。X社には約350万円の売掛金がある。

「3ヶ月後の支払いでパソコン20台を納品して欲しい」

X社がそう打診してきたのは2021年の5月ごろのことだった。

「我が社は事業再構築補助金の採択が決定しており、まもなく約2000万円の振り込みがある」

赤城氏のもとに直々に出向いたX社の代表取締役は、補助金の採択通知も携えていた。創業から20年あまり、掛け売りはしないスタンスで経営を行ってきた赤城氏はいったん返答を保留した。しかし数日後には、電話でこう返事をしてしまう。

「お受けいたします。コロナ禍という未曾有の事態においては、助け合いが肝心ですので……」

本音はそんな互助精神からではなかった。コロナ禍を契機としたリモートワークの普及により、OA機器市場の先行きには濃霧が立ち込めていた。そんなおりに舞い込んだまとまった金額の取引を、ふいにしたくはなかったからだ。それに、X社は新規顧客ではなく、過去半年の間に小口とはいえ数回の取引を行ったことがある間柄で、過去の納品先住所から都内一等地にオフィスが実在することも確認済みだ。

赤城氏のX社に対する信頼をさらに深める出来事があった。

納品の翌月、期せずして20万円が前倒しで支払われたのだ。X社の代表取締役は「資金に多少の余裕ができたため」と説明した。

そして納品から3ヶ月。約束の支払日にX社からの振り込みはなかったが、赤城氏は気に留めていなかった。通常の取引でも支払日を数日過ぎることはよくあることだからだ。

X社の代理人からの通知書を受け取って以降、赤城氏は、少しでも売掛金を回収しようと手を尽くしたが、時すでに遅し。びた一文回収できないまま、X社の破産は成立した。さらにX社について新事実が判明した。

X社の事務所は8坪程度の面積で、20台もパソコンを並べるスペースはなかった。そしてパソコンを納品した1ヶ月後には、X社はその事務所から退去している。また、事業再構築補助金が採択された事実もなかった。

これらの事実から、商品は受け取っても代金を支払わない、いわゆる「取り込み詐欺」であると確信した赤城氏は、警察に被害届を提出した。

市場に出回る取り込み詐欺詐取品

その後、警察の捜査により、赤城氏の会社が納品したパソコンは、X社の事務所の退去直前に、オークションサイトで売却されていることが浮かび上がった。赤城氏を訪ねてきた代表取締役はいわゆる雇われ社長で、オーナーは他にいること、別の納入業者からも同様の被害相談があったことも明らかになった。

警察は、X社の代表取締役だった人物や、その背後にいるオーナーを呼び出して事情を聞いたようだ。弁護士を伴って任意の取調べに応じた彼らは、詐欺行為を否定、納品直後のパソコン売却や事務所の退去についても「資金繰りに困った結果と主張した」と、担当刑事から伝えられた。そのうえで刑事はこう言った。

「はじめから騙し取るつもりだったという客観的な証拠がない。もしそのつもりなら、なぜ前倒しで売掛の一部を支払ったのか。嫌疑の相当性の観点から、現時点では刑事事件として立件することは困難」

事実上の捜査終了宣言だった。

「20万円で立件されるのを止めることができるなら安いもんでしょう」

赤城氏のそんな悔し紛れの嫌味も、刑事は受け流すだけだった。


取り込み詐欺で詐取された物品が転売される例は、枚挙にいとまがない。

２０２３年１月には千葉市内の食肉卸会社から４３００万円分の黒毛和牛などを騙し取り、新潟県内の食肉加工会社に売却していた男が詐欺容疑で逮捕されている。男は詐欺グループを率い、20年３～６月に全国の28社から計約１億２０００万円分の和牛や海産物などを騙し取ったと見られている。

２０２１年６月には、「民泊施設に商品を卸す」との口実で、全国約30社から総額１億円相当の商品を詐取していたとして、男４人が警視庁に逮捕されている。男らは被害にあった業者とニセの事務所で商談したうえで、納品先に倉庫を指定する手口で家電製品や食品を騙し取り、別の業者に転売していた。

ライブやスポーツなどのいわゆる特定興行入場券を除けば、転売行為は今のところ合法だ。しかし、転売される物品が、常に合法的に入手されたものとは限らない。特に、新品にもかかわらず定価よりも大幅に安い転売品を目にした際には、その出所を疑ってみる必要がある。

第11章　プレミアム付商品券で買いあさる
――転売ヤーSくんのその後3

親には言えない転売生活

「ゴォゴォ」という地鳴りのような重低音が、どこかで断続的に響いている。腹の底を抉るようなその唸りで、昼間の惰眠を邪魔されたSは、自室のベッドに横たわったまま音の発生源に目をやる。

それは、卓袱台の上で身を震わせるスマホだった。

眠りに落ちる前、都内のアウトドアショップに在庫の問い合わせをしていたことを彼は思い出した。おそらくその折り返しの電話だろう。ベッドから飛び起き、スマホに手を伸ばした時、床の上に置かれた段ボールにつまずき、あわや転倒しそうになった。中身は4ヶ月ほど前に転売目的で仕入れた焚き火台だ。焚き火のシーズンである冬はとうに過ぎ、まもなく梅雨に入ろうというのに、ただでさえ狭いSの部屋になおも居座っているのだった。それは、3月に大学を卒業したものの社会に出そびれたS自身のようでもあった。

スマホの画面は、思っていた折り返しの電話ではなく、実家の母からの着信であることを告げていた。一瞬、逡巡したSだったが、ベッドから跳躍したその勢いのまま、画面に表示された緑色の応答ボタンを押した。

「はい……」

「あんた、昼も過ぎてまだ寝とったんかね？　あんたの同級生らみな今ごろ仕事してるんよ」

寝起きに聞く母の声は相変わらず不快である。

「それでどうするん？　留学するんやったら早めに行ってしまいなさい」

「そういやそんな話、したね」

言いかけた言葉をSは飲み込んだ。半年ほど前、就職活動の進捗を尋ねてきた母親に、転売ヤーになるとは言い切れず、「卒業後は中国に語学留学に行くつもり」と答えていたのだ。

それは口から出まかせではなかった。大学で第二外国語として北京語を選択したのは「漢字はすでに読めるから楽そう」という安直な理由だった。しかしその後、旅行で訪れたマレーシアやカンボジアで、授業で覚えたフレーズを使って華人系の住民とカタコトの意思疎通をしたことで北京語への興味が湧いたのだ。一時は、大学が提携している台湾の大学への交換留学について詳しく調べていたが、それも数ヶ月後に始まったパンデミックで立ち消えとなってしまった。

北京語習得への意欲がさらに高まったのは、転売ヤーとしての活動を本格化させてからである。転売ビジネスに足を踏み入れるきっかけとなった、ＰＳ５の並び屋バイトも、その元締めは中国系だった。同じ頃、テレビやネットメディアでは中国系転売ヤーによる買い占めが迷惑行為として報じられていた。転売情報について独自に情報収集する過程でも、彼らの存在は無視できない規模だった。

彼らが幅を利かせることができるのは、背後に巨大な中国市場があるからにほかならない。Ｓは、北京語さえできれば、自身もその巨大な転売市場にアクセスができるのではと漠然と考えた。そのためには、中国に1年程度の語学留学に行くことが手っ取り早い方法に思えた。現地に住むことで、中国市場での転売ビジネスの足がかりもできるはずだ、と。いざとなったら留学資金は、親に借りるつもりだった。

株主優待券や商品券を悪用

その計画が進まなかったのは、Sの日本での転売ビジネスが思った以上に好調だったからだ。2023年3月の大学卒業までに、月20万円程度は安定して稼げるようになっていたのだ。

前述の通り、バザーを調達先とした転売スキームは、次第に限界を迎えた。しかし、特に売れ行きが良かったキャンプ用品の転売は、その後も継続していた。

新たな調達先として選んだのは、都内のあるアウトドアショップだった。その店舗には、アウトレットコーナーが常設されており、2割から3割値下げされた型落ち商品などが並んでいた。その程度の値下げ幅では、転売しても利益は生まれない。フリマサイトの販売手数料と送料で、赤字になることが目に見えている。

そこで利用するのが株主優待券だ。同店の運営企業の株主優待券があれば、セール価格の商品も含め、会計時に20%引きとなるのだ。Sは株主ではなかったが、フリマサイトで2000円ほどで株主優待券を購入できた。会計の総額が1万円以上になる時に使用すれば、元がとれる計算だ。

さらに支払いに用いるのが、商店街組合などが自治体の出資のもとに定期的に発行している地域限定の「プレミアム付商品券」だ。例えば「プレミアム率20％」に設定されている商品券の場合、額面1万2000円分の商品券を1万円で購入することができる。割引率にして16・7％だ。

このように、定価の2割引のアウトレット商品を株主優待券でさらに2割引とし、プレミアム付商品券で実質16・7％引きで支払う場合、0.8×0.8×0.83＝0.5312という計算式が成り立ち、定価の約53％、つまり47％引きで商品を仕入れられるカラクリだ。商品さえ厳選すれば、転売して利幅を取ることが可能なのだ。

プレミアム付商品券は、販売対象者について「発行元の商店街組合が所在する自治体の住民」か、「在勤者」のみに限っているものがほとんどだ。Sは、アウトドアショップで使えるプレミアム付商品券が発行されている自治体の住民ではない。

この自治体のプレミアム付商品券は、紙とデジタルという2つの形式で発行されている。ともに申し込みは公式サイト上で行い、その際には名前や住所、メールアドレスなどを入力する。その後、抽選が行われ、当選者に商品券の購入権付与（毎回異なるが2～3万円程度の上限付き）が行われる。

紙の場合は申し込み時に登録した住所にハガキが送付され、それを持参して役所や郵便局に行き、本人確認書類とともに提示することで商品券を購入する。つまり、ハガキを受け取る住所のない非住民は、購入することができないのだ。

一方のデジタル商品券の場合、当選者にはメールアドレス宛に購入用IDとパスワードが送付され、公式サイトでそれらを打ち込むことでオンライン購入できる。つまり、フリーメールのアドレスさえ用意すれば、あとは偽名と自治体内の適当な住所で、無限に申し込みができるのだ。

不正利用で得た利益の総額は

Sが商品券の不正取得の方法を知ったのは、転売ヤーが集うLINEのオープンチャット上の書き込みだった。商品券の使い道として情報交換されていたのは、同じ自治体にある家電量販店での転売目的のスマホ購入だった。Sは、それをアウトドア商品に転用したのである。

同自治体では年に2回、プレミアム付商品券が発行されていた。Ｓが最初に購入に踏み切ったのは、２０２２年の夏。約50人分の偽名と偽住所を、公式サイトに淡々と打ち込んでいった。

「住民票を確認されたら一巻の終わり」

「同じＩＰアドレスから多数の応募があれば不正を疑われるかも」

そんな不安も頭をよぎった。しかし結果的にそれも杞憂に終わる。不正申し込みから2ヶ月後、30人分の当選通知が、登録していたそれぞれのメールアドレスに届いたのだ。一人当たりの購入限度額は３万円。プレミアム率分と合わせ、１０８万円分にあたる商品券の購入権を獲得できたのだ。

ただ、さすがにその全額分を購入するのをＳは躊躇した。アウトレットコーナーにどんな商品が並ぶかは予め知ることはできない。しかも商品券には有効期限が設けられており、それを過ぎると無価値になってしまうのだ。期限内に１０８万円使いきれるか分からず、リスクが高いと考えた。

そこでＳは10人分に当たる30万円分だけ購入することにした。プレミアム率分は６万円、つまり計36万円分の商品券になる。その程度なら、もしアウトレットコーナーにめぼしい商品がなくても、余った商品券はＬＩＮＥのオープンチャットで交わされたように、家電量販店でスマホの購入にあてて転売すれば、現金化できるはずだと思った。

当時まだ学生だった彼は、購入金額の30万円のうち与信枠ギリギリの20万円をクレジットカードで、残りをコンビニ決済で支払った。

結果的に、額面36万円分の商品券は有効期限内にアウトドアショップで使い切ることができた。終わってみれば、商品券購入の30万円と株主優待券５枚購入の約１万円、計31万円という元手は、43万円になって返ってきた。「もっと商品券を買っておくべきだった」と後悔したＳは、それ以降の商品券発行時には、50万円以上分の商品券を購入するようになった。

中国人転売ヤーたちの紙おむつ買い占め

Ｓは知る由もなかったが、転売とプレミアム付商品券をいち早く結びつけたのも中国系転売ヤーとみられる。

２０１３年から２０１４年にかけ、日本の薬局やベビー用品店では、「おひとり様１点まで」などという張り紙が出現した。

花王の紙おむつ「メリーズ」に、購入個数制限が設けられたのだ。

背景には、2008年の「毒粉ミルク事件」以来、中国で燻り続けていた、国産ベビー用品に対する不信感がある。当時中国では、乳幼児が腎結石と診断されるケースが続出したため、原因を調査したところ、その多くが有機化合物であるメラミンが混入した粉ミルクに起因することが分かったのだ。

中国の酪農業界では、牛乳を文字通り水増しして出荷する不正がかねてから相次いでおり、それを防止する目的で行政によるタンパク質量を測定する抜き打ち検査が行われていた。ところが薄めた牛乳にメラミンを混入させることで、この検査を掻い潜ることができたという。そうした理由から中国ではメラミン入りの生乳が人知れず出回り、その一部が粉ミルクの原料として使われたことで、乳幼児の健康被害を起こしていたというわけだ。

そのため、中間層以上の子育て世帯を中心に、日本を含む海外製の粉ミルクを買い求める動きが広がって行った。やがて、乳幼児の必需品である紙おむつにも海外製を求める動きが出てくる。中でもダントツの人気を誇ったのが中国でも知名度が高い花王の製品、メリーズだった。

そこに目をつけたのが一部の在日中国人だ。

留学生から会社員、主婦にいたるまで、日本の小売店で一袋1200円前後で売られていたメリーズを購入して、中国のCtoCサイトなどで転売すると、3000円以上の値付けでも買い手がつく。10袋程度をまとめて販売すれば、送料を引いてもちょっとした副収入を得ることができた。

彼らによる転売熱が高まったことでメリーズは品薄に陥り、前述の通り販売店のなかには購入個数制限を設けるところも出てきた。そうなると、自分の足で買い周りをするしかない個人転売ヤーには、扱いが難しくなってくる。

一方でアドバンテージを得たのは動員力を持つ転売グループだ。あるグループは他の転売の時に動員した並び屋たちに、「池袋の倉庫に持ち込めば、メリーズ一袋1400円で買い取る」と打診した。メリーズ一袋あたり200円程度が並び屋の儲けだ。

転売の並び屋は購入数制限がある店舗でも本人確認なしに購入できる場合、数時間おきに2、3回転するのはザラだ。その方法で1店舗6袋を購入できると仮定し、10店舗回わったとしても1日の日当は1万2000円。紙おむつは嵩張る。これだけの量を買い回って倉庫に届けるには車も必要で、それほど美味しい仕事とは言えないだろう。

そこでグループ関係者らが並び屋たちにアドバイスしたのが、「各自が居住する地元の自治体で発行されているプレミアム付商品券を入手し、紙おむつの支払いに充てる」という方法だ。商品券がプレミアム率20%の場合、実質一袋1000円で購入でき、並び屋の儲けは倍になるのだ。首都圏の各自治体で発行されているプレミアム付商品券の購入方法の解説書を中国語で用意し、チャットアプリなどで配布した。そこには「住所さえあれば偽名で複数の申し込みも可能」などと、不正の指南もなされていた。

グループの関係者によると、彼らの倉庫には、並び屋である中国人女性のママ友という日本人の主婦も出入りするようになった。そしてこのグループは、2014年夏からの1年間で、メリーズを中心に粉ミルクや離乳食など、市販価格ベースで1億2000万円分のベビー用品を中国に輸出した。それらを持ち込んだ並び屋の半数以上はプレミアム付商品券で転売品を購入していたという。プレミアム付商品券の事業に各自治体の税金が投入されていることを考えると、少なくとも数千万円規模の公金が、転売グループと並び屋で山分けされたことになる。

無在庫転売に手を出す

Sに話を戻そう。転売品の調達先としても、彼は中国と関わっていくことになる。手探りで始めた割には順調なスタートを切った転売ビジネスだが、常に悩まされたのが在庫リスクだった。大型の商品が順調に売れても、最後に売れ残った数点を原価を下回る価格まで値引きして処分すると、最終利益が大幅に損なわれてしまう。

転売ヤーとしての経験を重ねるにつれ、何が売れるか、ある程度の目利きはできるようになったが、売れ残りを確実にゼロにするのは無理であった。根気良く出品し続けていればいつかは買い手がつくかもしれない。しかし、倉庫を持たないSの場合、売れ残った商材は自宅に保管するしかなく、ただでさえ狭い彼のワンルームの居住スペースを圧迫していく。

そうした苦悩のなかで思いついたのが無在庫転売だった。その名の通り、在庫を持たない状態でフリマサイトやECモールに出品し、購入されてから商品を確保して購入者に渡す転売の形態だ。Sは、ネット上の転売ヤーコミュニティなどで無在庫転売に関する情報収集を進めたところ、中国の通販サイトを利用したスキームがあることを知った。

アリエクスプレスやTEMUといった中国の通販サイトには、日本を含めた海外への発送に対応しているショップも少なくない。そうした通販サイトで扱っている商品を仕入れすることなくネット上で出品し、通販サイトから購入者の元に直接届けるのだ。この方法であれば、当たり前だが、在庫リスクや保管コストは基本的にゼロであるのはもちろんのこと、商品発送の手間さえもかからないのだ。

個別の注文に対しいちいち海外から発送を行なっていれば、送料がバカにならないはずだ。ところがアリエクスプレスでは、海外発送対象の商品の多くは送料無料か、有料でも数百円なのだ。たとえば500円ほどで売られているUSBコード1点だけでも日本までの国際配送が無料だ。TEMUでも、総額1400円以上購入すると基本的に送料は無料となっている。ともに普通郵便での配送であり、日本での受け取りまで2〜3週間を要する場合もあるが、場合によっては国内の郵便料金よりも安い。

条約のカラクリ

なぜこうしたことが可能なのか。そこには、「万国郵便条約」というカラクリがあった。A国で差し出された荷物を国境を跨いでB国に配達する2国間の国際郵便においては、差出人が直接郵便料金を支払うのはA国の郵便局のみだ。しかし、荷物が国境を越えて以降、荷物の宛先住所までの配達を担当するのはB国の郵便局だ。そこでA国の郵便局は、差出人から徴収した郵送料の一部を「到着料」としてB国の郵便局に支払う。いわばB国国内での配送業務に対する委託料金だ。こうした収益の配分によって、国際郵便は成り立っている。

150年もの歴史をもつこの万国郵便条約では、発展途上国と先進国の間で行われる国際郵便では、発展途上国の負担が少なくなるように定められている。GDPでは日本を抜き去って久しい中国だが、この条約においては未だ発展途上国に位置付けられており、到着料支払いは格安で済む。そのため、中国からの送り主が支払う郵便料金も安く抑えられているのだ。もちろん、そのしわ寄せを食らうのは日本の郵便局である。差出国である中国からわずかな委託料しか受け取れないにもかかわらず、受取人に届けるまで国内郵便と同様のサービスを提供しなければならないからだ。

中国の通販サイトが日本への国際配送料を無料や低額で実現しているのは、この条約によるところが大きい。

新規参入者との価格競争

問題は、フリマサイトのようなCtoCプラットフォームの多くが、商品が手元にない状態での出品を禁止しており、無在庫転売は規約違反となってしまうことだ。ただ、ヤフーショッピングで、審査を経て開設できる「ストアアカウント」であれば、無在庫転売が可能だということがわかった。

Sも早速このアカウントを取得し、アリエクスプレスを利用した無在庫転売に乗り出した。

なお、ヤフーショッピングを運営するLINEヤフー株式会社の広報担当者は、筆者の取材に対し、「2024年1月からは出店審査時に在庫証明書の提出を必須化し、転売が疑われるストアの出店を未然に防いでおります」と回答。それ以前に開設されたアカウントについても、「同年4月からは個人事業主に対しては出品数制限を設け、500点以上出品する場合には在庫証明を求めるように変更」していると明かした。

ただ、Sがストアアカウントを取得したのは2023年の9月のことで、在庫証明書の提出は必須化されていなかった。さらに、出品数も500点未満にとどめているため、これらの対策を免れている。

また、無在庫転売ヤーの新規参入が不可能になったわけでもない。SがメンバーとなっているSNSの転売コミュニティには、ニセの在庫証明書やメーカーとの取引契約書を発行してくれる業者も存在する。さらに、ヤフーショッピングをはじめ、ECモールの出品用アカウントの取引も行われている。つまり、転売に必要なアカウントさえも転売されているのだ。

この点についてLINEヤフーは、

「そういった事象について当社としても認識はしておりますが、対策については、すり抜け防止の観点から回答を控えさせていただきます」

と答えている。

一方で、「怖いのは顧客の通報」だとSは言う。顧客によってヤフーショッピング側になんらかの違反申告がもたらされれば、随時、個別の調査や審査が行われ、最悪の場合アカウントが停止されるからだ。

そうした事態を避けるため、Sは懇切丁寧なカスタマーサービスを心がけており、顧客都合の返品・返金要求にも無条件で応じているという。

その甲斐あってか、Sのアカウントが獲得したストアレビューの平均は、5点満点のところ4・60以上をキープしている。

最初に出品したのは、これまでの経験から鼻が利くようになっていたアウトドアグッズだった。当時、転売市場で高騰していたキャンプ用品のひとつに、米企業の「ゴールゼロ」が販売する「ライトハウスマイクロ」というランタンがあった。懐中電灯のように前方に光を放つものでも、卓上において周囲を照らすものでもなく、テントの天井やポールに吊るして下方を照らす、特異な設計のものだ。それが、キャンプブームのなかで人気を博し、定価3000円ほどにもかかわらず、転売市場では7000円前後で取引されていたのだ。

Sはアリエクスプレスで、この商品と同じ設計の類似品が1500円ほどで売られているのを発見。すぐにヤフーショッピングに、無在庫のまま2500円で出品してみた。商品説明欄には、中国からの直接配送になることや、到着までに2週間以上かかる可能性があることも明記すると同時に、本家の商品を探している人に訴求するため「#ゴールゼロ」とハッシュタグを添えることも忘れなかった。

出品から1週間はまったくの無反応。ところが2週間後から、ポツポツと購入されはじめ、2ヶ月の間に19台が売れた。売れた後にSがするべきことは、アリエクスプレスのショップに、購入者の名前と住所で注文を入れることだけだった。

ランタン以外にも、キャンプ用品を中心にさまざま商品を出品していった。無在庫転売の強みはリスクを気にせず、気軽に実験的に出品できることだ。売れ行きが良かったのは、ランタンのほか、日よけ・雨よけのタープやアルコールストーブなど、人気商品の類似品だった。

ただそれまで順調に売れていた人気商品が、パタリと売れなくなることが度々あった。原因は決まって、同じ商品をさらに低価格で売る「参入者」が現れた時だ。対抗するにはSもさらに価格を下げるしかないので、結局互いがシェアを拡大しようと過当競争に陥り、その商品は転売商品として「終わる」。

参入障壁が低い無在庫転売では、儲かる商品をいち早く見つけ、模倣者が現れる前に稼ぎ切るというのが、勝ちパターンのようだ。

Sは最近では、キャンプ用品だけでなくアリエクスプレスを調達先とした自動車パーツの無在庫転売も行なっている。といっても駆動や制御に関わるような精密部品ではない。サイドミラーのカバーやドアのインナーハンドルなど、特別な技術や知識がなくても自分で取り付けが可能なパーツである。アリエクスプレスでは、世界展開されているモデルの内外装パーツであれば、サードパーティの製品がほぼなんでも手に入る。そうした非純正パーツを使って自分で修理すれば、正規品を使ったディーラーでの修理の10分の1以下の費用で済むため、ドライバーたちから手堅い需要があるのだ。

転売ヤーが抱く疑問

Sは今でも不思議に思うことがある。なぜ購入者はわざわざ自分たちのような無在庫転売ヤーを通して買うのか、ということだ。アリエクスプレスもTEMUも、サイトは日本語に対応しており、アマゾンや楽天市場を利用する際とほぼ同じ感覚で買い物ができる。おそらく購入者たちは、まだまだ認知度が低く、馴染みのない怪しげなサイトよりは、ヤフーショッピングの出品者から購入する方が安心だと考えるのだろう。

事実、アリエクスプレスのショップから直送した製品が、不良品だったという報告をうけることもある。販売元のショップにクレームを入れるのはSの仕事だ。多くの場合、アリエクスプレスの出品者はクレームを入れるとすぐに新しい商品を発送してくれる。不良品の返送を要求されることもない。言ってみれば、わりとマトモなサイトなのだ。

Sはそのことを世間に知られたくない。知られれば彼の無在庫転売ビジネスは、上がったりになってしまうからである。

大学を卒業して専業転売ヤーとなって1年半、Sはいまなお無在庫転売を中心に転売ビジネスを続けており、平均して35万円前後の月収を得ている。これは、大学卒業後に会社員となった同級生と比べても見劣りする金額ではない。とはいえ、常に市場の動向に目を配り、商機を見つけるとすぐに行動し、顧客のアフターフォローまでを一人でやらなければならない転売稼業は、思っていたほど気楽な商売ではない。ましてや、かつて夢見たような、好きな時に海外旅行に出かけられるようなノマドな生活には、到底程遠い。

しかしSは、今後も転売ヤーを続けていくつもりだ。もちろん、一度自ら背を向けたカタギの商売にいまさら戻れないという意地もある。しかしそれ以上に、市場経済のバグを突いて利益を摑み取る、転売ビジネスの狩猟のようなゲーム性の虜になっているのだということに、S自身はまだ気づいていない。

おわりに

本書の取材・執筆に費やした2年あまりの間、世間で話題となる転売品は刻々と変わっていった。しかし、一貫して変わらなかったのは、日本社会の転売ヤーに対する厳しい目だ。SNSには転売ヤーに対する怒りの声が常にひしめいている。

転売ヤーがターゲットとするのは、需要と供給のバランスで決まる真の自由価格よりも低い定価を付けられている商品である。そうした商品を定価で購入し、自由価格で取引される転売市場に持ち込めば、利鞘が稼げるからだ。

もちろん、どんな価格で商品を売り出すかは、販売側の完全な自由だ。ただ、真の自由価格とあまりにもかけ離れた値付けがされた商品は、アダム・スミスがいう「見えざる手」に吸い寄せられるように正規市場を抜け出し、ブラックマーケットを形成してしまうということは、自明の理といってもいい。つまり、転売ヤーの餌食となってしまうのだ。

現在の転売市場は、簡単にいうと「持てる者」が「持たざる者」の購入チャンスを奪い取るような状況に陥っている。もちろん転売品の購入層は必ずしも富裕層とは限らないが、「商品への愛」よりも「いくら払えるか」で購入可否が決まるのが転売市場だ。それは自由経済の基本のようにも思える。しかし定価で購入しようとする消費者からみれば、それ以上の金額を支払って商品を奪いとる転売品購入者は目障りだし、そうした収奪行為に協力することで利益を得る転売ヤーはもっと不快な存在である。

これはあくまで筆者の推測だが、一億総中流と言われてきた日本人にとって、資力の違いというものをまざまざと見せつけられる転売市場は、それだけで不快感の対象なのかもしれない。しかも、転売行為による〝収奪品〟が中国をはじめとする海外に流れているのだ。

今後われわれは、転売市場という現代にデジタルの衣を纏って蘇ったヤミ市の興隆に、どう対処していくべきか。その議論については、社会全体に委ねたいと思う。しかし、いずれにしてもこれだけは確かだろう。

「世に転売の種はつきまじ」

奥窪優木　1980年生まれ。上智大学経済学部卒後、渡米。ニューヨーク市立大学を中退し、地元邦字紙記者を経てフリーライター。著書に『中国「猛毒食品」に殺される』『ルポ 新型コロナ詐欺』など。

Ⓢ新潮新書

1067

転売《てんばい》ヤー　闇《やみ》の経済学《けいざいがく》

著　者　奥窪優木《おくくぼゆうき》

2024年11月20日　発行

発行者　佐　藤　隆　信

発行所　株式会社 新潮社

〒162-8711　東京都新宿区矢来町71番地
編集部(03)3266-5430　読者係(03)3266-5111
https://www.shinchosha.co.jp
装幀　新潮社装幀室

印刷所　錦明印刷株式会社

製本所　錦明印刷株式会社

© Yuki Okukubo 2024, Printed in Japan

乱丁・落丁本は、ご面倒ですが
小社読者係宛お送りください。
送料小社負担にてお取替えいたします。

ISBN978-4-10-611067-2　C0236

価格はカバーに表示してあります。

新潮新書

1063
「それってあなたの感想ですよね」
論破の功罪
物江潤

若者はなぜ論破に魅了されるのか——？　旧来の規範を軽視し、挑発的な物言いと過度なエビデンス至上主義で相手を煽る「ひろゆき氏的な思想」の危うさに迫る。

1023
親ガチャの哲学
戸谷洋志

人は生まれてくる時代も場所も、家庭環境も選べない。そうした生まれの偶然性をどう引き受けるのか。気鋭の哲学者が示す、格差と分断を乗り越えるための思考！

1039
ルポ
海外「臓器売買」の闇
読売新聞社会部取材班

杜撰な移植手術、偽造パスポート——「絶対に許せない」（被害者）。記者たちは「臓器売買」疑惑の構図をあぶりだし、カギを握る人物を直撃した。「新聞協会賞」受賞の調査報道の全貌！

1002
フィリピンパブ嬢の経済学
中島弘象

フィリピンパブ嬢と結婚した筆者の人生は、新たな局面に。初めての育児、言葉の壁、親族縁者の無心と綱渡りの家計……。異文化の中で奮闘する妻と、それを支える夫の運命は？

1050
歪んだ幸せを求める人たち
ケーキの切れない非行少年たち3
宮口幸治

「おばあちゃんを悲しませたくないので殺そうと思いました」。歪んだ幸せを求める人たちの戦慄のロジック、そしてその歪みから脱却する方法を詳述。大ベストセラーシリーズ第三弾。